大数据环境下高校图书馆信息服务转型研究

李艳春　朱平哲　毛　靖　著

北京工业大学出版社

图书在版编目（CIP）数据

大数据环境下高校图书馆信息服务转型研究 / 李艳春，朱平哲，毛靖著. — 北京 : 北京工业大学出版社，2019.11

ISBN 978-7-5639-6827-5

Ⅰ. ①大… Ⅱ. ①李… ②朱… ③毛… Ⅲ. ①院校图书馆－图书馆工作－情报服务－研究 Ⅳ. ① G258.6

中国版本图书馆 CIP 数据核字（2019）第 105674 号

大数据环境下高校图书馆信息服务转型研究

著　　者：李艳春　朱平哲　毛　靖
责任编辑：张　贤
封面设计：点墨轩阁
出版发行：北京工业大学出版社
（北京市朝阳区平乐园 100 号　邮编：100124）
010-67391722（传真）　bgdcbs@sina.com
经销单位：全国各地新华书店
承印单位：定州启航印刷有限公司
开　　本：787 毫米 ×1092 毫米　1/16
印　　张：11.25
字　　数：225 千字
版　　次：2019 年 11 月第 1 版
印　　次：2019 年 11 月第 1 次印刷
标准书号：ISBN 978-7-5639-6827-5
定　　价：40.00 元

前　言

随着互联网的不断发展，大数据技术在社会各领域中的应用也越来越普遍，极大地改变了人们的生产生活方式。尤其是在信息服务方面，技术的发展使得信息的数量呈爆炸式增长，信息的传播和更新速度也越来越快，计算机、手机等设备的普及，也使得人们更习惯于利用它们来获取信息，这就对传统的印刷文献和图书馆带来了极大的冲击。发展到今天，图书馆已处于大数据环境之中，这也要求图书馆实现转型。特别是对于高校图书馆来说，其还承担着教学、科研等重要的职能，需要为用户提供学科服务。因此，高校图书馆更需要积极适应大数据环境，通过现代设备和技术的应用，实现信息服务的转型。

本书共分为八章。第一章对传统高校图书馆与大数据环境进行分析。第二章对大数据环境下高校图书馆信息服务进行研究。第三章对大数据环境下高校图书馆的服务创新进行研究。第四章对大数据环境下的信息服务与传统信息服务的差异进行比较研究。第五章对大数据环境下高校图书馆信息服务转型中的问题与对策进行分析研究。第六章对大数据环境下高校图书馆信息服务转型的途径进行研究。第七章对大数据环境下高校图书馆信息服务的模式进行研究。第八章对大数据环境下高校图书馆信息服务转型的馆员队伍建设进行研究。

为了保证内容的丰富性与研究的多样性，在撰写的过程中参阅了很多关于大数据与高校图书馆信息服务模式的资料，在此对相关作者表示衷心的感谢。由于笔者水平有限，时间仓促，书中难免有疏漏和不妥之处，恳请同行专家和读者批评指正。

目　录

第一章　传统高校图书馆与大数据环境

图书馆有着悠久的历史，在人类社会发展中起着重要的作用。在现代科学技术的发展下，互联网、大数据等取得了极大的发展，一方面这些技术的发展和应用极大地改变了人们的生产生活，从而给图书馆带来了极大的冲击；另一方面，这些技术也逐渐在图书馆中得到应用，使高校图书馆处于大数据环境之中。因此，对于高校图书馆来说，其也面临着由传统向现代的转型。

第一节　传统高校图书馆概述

一、高校图书馆的产生

高校图书馆是伴随着大学的产生而产生的。在 12 世纪末期，西欧的一些主要国家建立起了现代意义上的大学。不过，在大学诞生之初，其尚未具备图书馆。当时教师所用的书，都是教师个人的。学生也主要通过购买或借阅的方式，获取学习用书。经过不断的发展，在大学规模扩大的同时，师生的用书需求也在不断增加。因此，在师生用书上，除借书之外，又发展出了赠书的途径。正是在赠书这一途径下，高校获得了一定数量的文献，从而使高校图书馆得以建立。西方一些著名高校的图书馆都是通过接受捐赠而建立起来的。例如，在 1257 年，法国教父索邦向巴黎大学捐赠建设了索邦学院。英国牛津大学的图书馆也是依靠书籍的捐赠建立的，其主要的捐赠者有托马斯·博德利和理查德·伯里。其中，理查德·伯里还凭借向牛津大学捐赠图书，而被人们称为“高校图书馆的先驱”。高校图书馆在建立的过程中，除了接受赠书之外，还吸纳来自个人、团体或国家资金的资助，以扩充图书馆的藏书。而到了 15 世纪末 16 世纪初，在印刷书籍的发展下，高校图书馆也得到了快速的发展。到 19 世纪，高校图书馆已经在图书馆事业和大学教育事业中获得了广泛的认可和重视，享有崇高的地位。高校图书馆与高校之间的关系越来越紧密，人们甚至将其称为高校的“心脏”。随着计算机技术等现代科学技术的发展和应用，高校图书馆的发展又进入了新的阶段，一批世界一流的高校图书馆逐渐建立起来，如美国的哈佛大学图书馆等。

二、高校图书馆的性质

高校图书馆的主要职能就是为高校的教学和科研工作服务，同时，其也属于高校教学和科研工作的一部分，因此，对于高校图书馆来说，学术性是其最基本的一个属性。高校图书馆的一切工作都是为高校的教学和科研工作服务的。

因此，高校图书馆的服务需要满足高校教学与科研工作的专业性和学术性需求，从而使得高校图书馆的服务也具备了专业性和学术性。在现代高等教育与现代科学技术快速发展的趋势下，高校教学与科研工作对图书馆服务所提出的要求也越来越高，因此，高校图书馆也必须不断提高工作的学术水平与专业水平。

从对高校图书馆的性质分析中可以发现，其既不属于独立的教学或科研机构，也不是单纯的行政或服务机构。高校图书馆既不是以收藏和保存为主的藏书楼，也不是以普及为主的文化场所。准确地说，高校图书馆是一个为教学和科研服务的学术型机构。进一步来说，高校图书馆既具有服务性，也具有学术性。并且，这二者是紧密联系在一起的，而不是平行或对立的。强调高校图书馆的学术性质，不是为了削弱其服务性，而是为了提高高校图书馆的服务水平。

三、传统高校图书馆的特点

（一）资源建设特点

1. 文献以纸质印刷文献为主

高校图书馆重点收藏与教学课程相关的专业文献信息资源，对业余和课外阅读类的文献信息资源采取选择性的收藏方式，电子资源和光盘文献极少。

2. 藏书丰富且十分专业

高校图书馆的藏书数量通常较为丰富，且出于学校的专业建设和科研等目的，其藏书还体现出专业性的特点。此外，出于教学目的，高校图书馆还藏有大量的教学参考书。

3. 以征订为文献采购的主要方式

传统高校图书馆通常以征订为图书采购的主要方式，即通过分析新书目录，选择自身所需要购买的图书。此外，传统高校还会参加各类图书展览会，采购图书。传统高校图书馆的文献采购方式，通常需要消耗大量的人力且程序过于烦琐。

4. 文献资源老化且利用率不足

由于传统的高校图书馆以新书的征订采购为文献资源建设的主要方式，因此在资金的限制下，许多高校图书馆都以学科图书作为馆藏重点，造成重复馆藏、少藏、缺藏等问题。文献资源逐渐老化，降低了图书馆的文献保障率。

传统高校图书馆由于对现代科学技术的利用不足，导致文献资源的质量不稳定。通过长期的实践证明，增加高校图书馆文献资源的数量，并无法有效地提高图书馆文献资源利用率。例如，无法满足师生的各种文献需求，导致他们远离本校图书馆；图书馆的资源利用率低，导致资源浪费。

（二）读者特点

传统的高校图书馆以校内师生为主要的服务对象，因此，传统高校图书馆的读者需求与高校教学工作的特点有密切的联系。对于高校教学工作来说，其最主要的目的就是对学生进行系统的知识和技能的培养，这也使得高校教学在专业、课程等方面具有一定的稳定性。进而，在高校教学工作特点的影响下，高校图书馆的读者在需求上同样也具有稳定性，其主要表现为读者对核心专业课程教学参考用书的稳定需求，如高等数学、英语以及各类专业课的参考书与工具书等。

（三）服务特点

1. 传统高校图书馆的服务方式

（1）文献复制服务

文献复制服务即高校图书馆为用户提供的对馆藏文献进行复制的一种服务。高校图书馆通常设置有复印室，其具备提供文献复制服务的功能。用户需办理相关手续之后，才能够享受文献复印服务。

开展文献复制服务不仅开发了文献利用的深度，还提高了馆藏文献的利用率，充分满足了读者对特定文献的需求。

（2）馆内阅览服务

传统高校图书馆最为常见的服务方式是通过对馆内藏书进行分类整理，并建立阅览室，使读者可以在馆内阅读文献信息资源。高校图书馆应为读者提供良好的阅读环境和设备。

阅览方式可以分为三种，即开架、半开架、闭架。阅览室的特点、图书馆组织管理、读者需求、文献类型等决定了其阅览的方式。此外，高校图书馆还可以针对读者的不同需求，对阅览室进行分类设置，如工具书阅览室、报刊阅览室等。

（3）阅读辅导服务

为了方便读者了解图书馆资源和服务情况，需要开展一系列的阅读辅导服务。阅读辅导服务主要包括三个方面：一是阅读指导，给予读者阅读内容和方法的指导；二是帮助读者熟练使用参考工具书、图书馆目录等；三是向读者传授图书馆相关的借书规则和方法等。

（4）书刊外借服务

书刊外借服务即读者将馆藏图书外借的一种服务方式，这也是我国传统高校图书馆最主要的一种服务方式。读者将书刊外借，需要办理相应的借阅手续。

借阅书刊服务为读者提供了便利，受到了广大读者的欢迎。通常，高校为了方便本校学生借阅图书，会为其办理借书证。当学生离开学校时，借书证也随之失效。

2. 传统高校图书馆的服务特点

（1）服务方式被动

传统高校图书馆提供的基本服务包括阅读辅导、书刊借阅、参考咨询等。服务范围一般控制在图书馆以内，各种因素的限制使图书馆服务具有局限性，如购书经费、技术设备、管理机制、工作人员业务水平等。图书馆通常采用由读者自主进入图书馆的被动服务方式，长期的被动服务，也使得传统高校图书馆的服务缺乏主动精神。

（2）文献管理方式落后

我国大多数传统高校图书馆都是以手工操作方式来工作，工作内容琐碎且劳动强度大，如书刊的采访、加工、入库、管理、编目、排架等。这种落后的文献管理方式很大程度上制约了高层次服务的开展。

（3）服务对象单一且服务范围狭窄

由于购书经费有限，在资源购置的过程中，通常优先选择与本校教学科研需求相关的资源，这会导致图书馆的馆藏不能充分满足读者的需求；大多数高校图书馆都只面向本校师生开放，在发展过程中受大学管理体系的严格限制，与社会接触较少，使高校图书馆长期处于一种相对封闭的状态。

（4）服务层次和水平偏低

由于传统高校图书馆自身在技术和观念上的限制，其很少会对文献信息进行加工，因此只能解决读者的咨询问题。

四、传统高校图书馆的组织结构

（一）馆长办公室

馆长办公室即高校图书馆馆长工作的场所，也是整个高校图书馆的最高决策机构。馆长办公室的主要职能如下：

①负责主持图书馆的整体工作，如制订图书馆的阶段工作计划、发展规划等。

②负责为图书馆的馆藏建设、经费使用等制订规划。

③负责图书馆馆员队伍的任免、培训、调整、考评等。

④负责图书馆各项规章制订的制定和完善。

⑤负责相关图书馆相关行政事务的支持。

⑥负责对图书馆委员会的领导，主持对重大事项的研讨与决策。

⑦负责下属各部门工作的协调。

⑧负责上级主管部门的工作落实。

⑨负责向上级主管部门汇报工作情况。

⑩负责校外团体的访问接待工作。

（二）图书情报委员会

图书情报委员会，是高校图书馆的一个重要部门，其主要负责高校图书情报工作的咨询、顾问、协调等与图书情报工作相关的内容。图书情报委员会的成员主要由具备相关工作经验的领导、相关教学与科研人员组成。

图书情报委员会的职责包括对图书馆的年度工作计划进行审议，对师生以及相关领导、工作人员对于图书馆发展与工作的相关意见与要求进行反映，对与图书情报工作相关的重大问题进行讨论，为高校图书情报工作的改进和完善提出意见和建议。

（三）采访部

采访部即负责高校图书馆文献资源建设的部门，具体包括文献资源的选择、采购、交换、验收等工作。对于采访部来说，在馆藏文献建设的过程中，必须以学校的发展和科研为依据，结合资金情况，采购合适的文献，建立起具有本校特色的馆藏体系。

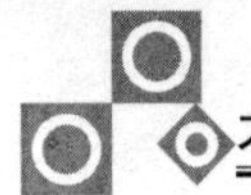

（四）编目部

编目部即负责对高校图书馆的文献资源进行分类、编目、整序工作的部门。文献资源的编目工作通常是依据一定的规范和标准进行的。通过编目工作，高校图书馆能够建立起本馆的馆藏目录体系，为读者的检测提供方便。编目也是高校图书馆开展文献传递等其他服务的重要基础。

（五）流通部

流通部即负责高校图书馆馆藏流通工作的部门。具体来说，馆藏的流通包括文献的借阅与归还、馆际互借、文献宣传、文献管理等相关工作。针对馆藏文献的流通，流通部需要制订相关的政策和规范，如制订图书借阅与归还制度等，并针对读者在借阅文献中出现的逾期、损坏、丢失等行为进行处理。

（六）阅览部

阅览部即供读者在图书馆进行阅览的部门，其通常会根据文献类型或读者需求，分设不同的阅览室。此外，除了阅览之外，阅览部还负责宣传展览、阅读引导等工作。

（七）期刊部

期刊部即高校图书馆中专门负责期刊的采购、管理、阅览等相关工作的部门。有的高校图书馆不单独设置期刊部，而是将其归入负责期刊工作的相关部门。

第二节　高校图书馆的发展历程

一、新中国成立前的高校图书馆

从图书产生的历史来说，我国最早的图书可以追溯到商代。在我国古代，图书通常也被称为“典籍”。在商代，主要是以甲骨等为载体进行记录活动，经过记录的甲骨也就成了当时的典籍。这一时期，记录好的典籍通常是由贵族阶层和馆员收藏，普通百姓没有接触到典籍的机会。随着社会的不断发展，需要记录的内容越来越多，典籍的数量也随之不断增加。因此，人们也逐渐形成了对典籍进行保管、整理、编序的思想。同时，为了实践这一思想，人们还设置了专门用于典籍收藏的地方，同时还设置了专门的官员负责相关事务。发展到周代，人们对典籍进行专门管理和利用的思想进一步得到发展，并且在工作水平上能够与世界上最早的古巴比伦图书馆和古埃及图书馆的水平相媲美，因此，学术界也将周代作为我国图书馆的起源和成型时期。

在我国古代，专门用于藏书的地点，通常被称为藏书楼。根据藏书所有者的不同，我国古代的藏书楼大致可以分为四种类型，即官府藏书楼、寺观藏书楼、书院藏书楼和私人藏书楼。无论何种类型的藏书楼，其普遍都具有私有性、封闭性、专用性的特点。我国古代藏书楼形成上述特点，与我国古代的经济形式和相关技术的发展水平有着密切的关系。一方面，小农经济的形式使我国古代的藏书者对于自身的藏书形成了狭隘的占有心理。另一方面，由于印刷术等相关技术发展水平的限制，导致了当时社会上书籍的数量稀少，且获得较为困难，这也增加了藏书者对于藏书的爱惜和占有的心理，不愿将自己的藏书轻易示人。因此，这也使得我国古代的藏书楼形成了“重藏轻用”的性质。我国古代的藏书楼所藏的书籍涉及的范围极广，包括历朝历代的有关天文、地理、历史等各方面的书籍。因此，其对于推动我国古代文化的发展，也起到了一定的积极作用。到了清代末期，封建经济逐渐解体，社会战乱频繁，藏书楼也逐渐走向衰落。西方列强的侵犯，也使当时的一些仁人志士，开始向西方学习，在这一过程中，西方的图书馆学术思想也逐渐被引入我国，这也使传统的藏书楼开始向新式的藏书楼发展。

进入近代后，社会上对于图书产生了极大的使用要求，在这种需求的推动下，传统的封闭的藏书楼，逐渐面向社会公众开放，开始承担起了图书馆的社会服务职责。这一时期我国也建立起了一批新式的藏书楼，有私人创建的新式藏书楼，如徐树兰创建的古越藏书楼；有公共藏书楼，如京师大学堂藏书楼；有学院创建的新式藏书楼，如格致书院藏书楼；有苏学会、扬州匡时学会等创建的学会藏书楼等。这些新式藏书楼将我国传统的藏书楼管理方法与西方的图书馆管理技术相结合，不仅使藏书体系得到丰富，更建立起了借阅制度，这也表明新式藏书楼开始向近代图书馆转变。

在辛亥革命前后，西方的科学知识和文化进一步在我国传播，并且促进了近代教育在我国的发展，一批知名高校都在这一时期相继建立了本校的图书馆。

二、新中国成立后的高校图书馆

（一）恢复发展时期（1949—1965）

新中国成立后，我国的高校图书馆事业迎来了新的发展阶段，中华人民共和国文化部（现为文化和旅游部）成立，并负责对高校图书馆进行管理。新中国成立后，国家对于高校图书馆事业十分重视，并通过以下几方面的活动，促进高校图书馆的恢复与发展。

1. 加强对高校图书馆的管理

新中国的成立，使我国的高校图书馆事业进入了新的发展阶段。在这一时期，我国高校图书馆事业面临着两个方面的问题：一方面是要对传统的高校图书馆进行改造，清除其遗留的反动、落后的书籍；另一方面是要在高校图书馆工作中普及现代化的工作方法，提高高校图书馆工作的科学化水平。

1956 年，党中央发出了“向现代科学大进军”的号召。为了响应号召，以北京大学为代表的各大重点大学开始了对现有馆藏以及图书馆工作的改革活动，这也拉开了我国高校图书馆为教学与科研服务的序幕。

同年 12 月，国家高等教育部还针对高校图书馆工作召开了专门的会议，在会议上，对我国高校图书馆的性质和主要任务进行了明确。其中，我国高校图书馆的性质被明确为“为教学与科研服务的学术机构”。我国高校图书馆的主要任务被明确为以下四个方面：①向高校师生以及科研工作者提供相关的文献资料；②对馆藏资料进行统一管理和科学分类；③利用馆藏宣传国家的相关思想、政策与法律；④培养专业的图书馆干部人才。此外，会议还颁发了关于高校图书馆事业的相关法律草案。这些草案的颁发，为我国高校图书馆科学、有序的发展指明了道路。

2. 培养图书馆专业人才

如前所述，我国高校图书馆的主要任务之一就是培养图书馆专业干部人才。这也说明我国对于图书馆专业人才培养的重视。同样的，教育部也在高校设置了学制为三年的图书馆学专业，以实现对图书馆专业人才的有计划的培养。此外，为了提高现有的高校图书馆从业人员的素质，教育部还专门为这类人员举办了进修班，高校则为图书馆馆员的培养提供了函授班的途径。各种形式的教育和进修，对于高校图书馆工作人员的工作和业务水平的提高起到了重要的作用。

3. 借鉴国外先进理论

在对国内高校图书馆进行恢复和发展的同时，我国还积极借鉴国外先进的理论，以促进我国高校图书馆的发展。例如，我国就在 1955 年，选派留学生到苏联进行图书馆理论的学习，此外，我国还曾派出考察团对德国、波兰等国的图书馆进行考察观摩。这些活动使我国学习到了国外关于图书馆事业发展的宝贵经验和科学方法，对我国高校图书馆在文献建设、服务、管理等方面都有着积极的借鉴意义。

4. 增强高校图书馆之间的协作

在加强高校图书馆建设的同时，我国还认识到了高校图书馆间协作的重要性。为了促进和加强高校图书馆间的协作，我国在 1957 年专门出台了“全国图书协调方案”，并成立了中心图书馆委员会、图书提要卡片联合编辑组、全国图书联合目录编辑组，负责高校图书馆的协作管理、文献编目、馆际互借等工作。

（二）停滞破坏时期（1966—1976）

1966—1976 年间，我国高校图书馆处于停滞破坏时期。在这一时期，各大高校的图书馆基本都处于关闭状态，馆舍遭到占用，图书的采购工作也被迫停止。高校图书馆不仅在数量上减少，图书资源也在这一时期出现了大量流失。直到高考恢复，高校图书馆才逐渐恢复开放，但是这时的高校图书馆虽然重新开放，但是开放范围受到限制，新的馆藏图书也极少。

（三）改革振兴时期（1978—1988）

1978 年，十一届三中全会的召开实现了拨乱反正，我国的高校图书馆事业也重新获得了发展，进入了改革振兴时期。在这一时期，对于高校图书馆的建设资金投入越来越大，并且在管理的体制和方式上也朝着更加科学化的方向发展。高校图书馆馆员的思想也实现了转变，行为更加规范，服务思想逐步树立。同时，随着科学技术的发展，现代科学技术也开始应用于高校图书馆之中，既提高了高校图书馆的科技水平，又丰富了高校图书馆的服务方式。

在十一届三中全会之前，我国还召开了全国科学大会，这次大会从情报职能出发，为高校图书馆在情报工作尤其是科技情报工作上提出了新的任务和要求。

此外，我国各部门还针对高校图书馆事业从停止破坏时期中获得恢复和发展提出了一系列意见和规划，为高校图书馆事业的发展做出了规定，指明了方向。

在改革振兴时期，我国高校图书馆在文献资源建设、图书馆建筑面积、从业人员、读者服务、学术交流等方面都得到了极大的发展，实现了高校图书馆事业的全面改革与振兴。

（四）稳步发展时期（1989—1998）

经过了改革振兴期的发展后，1989—1998 年，我国高校图书馆的发展进入了稳步发展时期。1989 年，全国高校图书馆评估研讨会召开，会议拟定了相关草案，使得高校图书馆的建设与发展有了更准确的参考标准。

随着高校图书馆事业的不断发展，评估工作也成为高校图书馆发展中的一个重要问题。因此，国家教育委员会于 1991 年颁布了《关于开展普通高等学校图书馆评估工作的意见》，详细规定了评估目的、评估内容、评估级别等，还对高校图书馆评估指标体系大纲进行规定。高校图书馆进入了全面评估的活动之中，其建设的可操作性越来越强，大大促进了高校图书馆的稳步健康发展。此后，各种相关高校图书馆的研讨会相继召开，如全国高校图书馆学系主任会议、全国高校图书馆 1994 年外文报刊协调会议、全国高校图书馆第 5 届期刊学术研讨会等。这些研讨会的召开，使得高校图书馆的数据库建设更加科学化、标准化、规范化。

（五）飞跃发展时期（1999 年至今）

自 1999 年以来，随着社会的不断发展，高校图书馆的建设水平不断得到提升，高校图书馆的建设在各方面都取得了新的发展。新的发展时期也给高校图书馆的发展提出了新的要求，特别是在信息技术和网络技术的应用等方面，可以说，在飞跃发展时期，高校图书馆既面临着严峻的挑战，又面临着难得的机遇。传统的高校图书馆只有积极适应现代社会科技的发展和变化，积极向现代化的高校图书馆转变，才能够实现自身的飞跃发展。

根据 2017 年中国高校图书馆发展报告的数据显示，在文献资源购置的费用统计上，其年度平均值达到 650.4 万元，比上年净增加 40 万元。在文献资源购置费用中，纸质文献资源的购置费用有所下降，并趋于稳定。而电子资源购置的费用则有了较大的增长，其在高校图书馆文献资源购置费用中的占比也越来越高，并且已经超过了 50%。我国高校图书馆工作人员的学历水平也在不断提高，工作人员中的本科学历和硕士学历的工作人员比例不断增加，有的高校还拥有博士学历的图书馆工作人员。高校图书馆的文献传递、信息资源共享与协同也取得了一定的发展。

在飞跃发展时期，我国的高校图书馆正在不断提高现代化水平，实现全面、深入的现代化建设，不断满足时代发展提出的要求。

第三节　大数据技术概述

一、大数据技术的相关概念

（一）大数据

大数据是伴随着云计算、物联网等技术的发展而产生的一种新兴事物。对于大数据，可以将其表述为一个在体量和类别上都极大的数据集。由于大数据的庞大，人们无法使用传统的数据库工具对其进行抓取和处理等操作。

（二）大数据的特点

通过对大数据的概念进行分析可以发现，大数据最主要的特点就在于大。大数据大的特点，表现在体量、类型、价值密度、速度等四个方面，因此，通常用 4V 表达大数据的特点。

① Volume，即数据体量大，大数据的数据量已达到 PB 级别（1PB=1024TB）。

② Variety，即数据类型多，文字、图片、音频、视频，乃至地理位置的信息等类型的数据都被囊括在大数据之中。

③ Value，即价值密度低，以视频类型的数据为例，若其长度为 1 小时，经过不间断的监控，能提取出的有价值的数据可能仅为 1 秒。

④ Velocity，即速度快。面对着日益增长的数据容量，数据处理的速度也成为一个关键问题，大数据的数据处理速度极快，甚至能够在分、秒的单位时间内完成对数据的处理。与传统的数据库相比，大数据快速的处理速度也是其与传统数据库之间最本质的区别。

（三）大数据技术

大数据技术是指从各种类型的巨量数据中，快速获得有价值的信息的技术。解决大数据问题的核心是大数据技术。目前所说的“大数据”不仅指数据本身的规模，也包括采集数据的工具、平台和数据分析系统。大数据研发的目的是发展大数据技术并将其应用到相关领域，通过解决巨量数据处理问题促进其突破性发展。因此，大数据时代带来的挑战不仅体现在如何处理巨量数据并从中获取有价值的信息，也体现在如何加强大数据技术的研发，抢占时代发展的先机。

二、大数据的分析

大数据不仅仅是大体量数据的简单事实，大数据的分析则是更为重要的现实，因为只有对大数据进行分析，才能获取有价值的信息。随着越来越多的应用涉及大数据，这也使大数据变得越来越复杂，大数据的分析也就变得越来越重要。具体来说，大数据的分析可以分为以下五个方面。

①可视化分析。无论是专家用户还是普通用户，可视化分析都是他们对于大数据分析最基本的要求。可视化分析能够将大数据的特点以直观的方式呈现出来，以便于用户接受和利用。

②数据挖掘算法。对于大数据分析来说，其需要依据数据的类型和格式选择相应的算法，才能够对数据的特点进行科学的表现。正是利用这些被公认的算法，人们才能够深入数据内部，挖掘数据的价值。因此，数据挖掘算法也是大数据分析的理论核心。

③预测性分析。进行大数据分析，最终的目的就是要将其应用于预测性分析中。即利用大数据分析建立科学模型，并带入新的数据，从而实现对未来的数据预测。

④语义引擎。大数据分析在网络数据挖掘上的应用主要表现为语义引擎。主要是通过对用户检索的关键词或其他语义进行分析，从而对用户的需求进行分析和判断。通过语义引擎，企业能够实现更为精准的用户体验和广告匹配等。

⑤数据质量和数据管理。数据的质量与管理是大数据分析不可分割的重要内容。只有保证数据的高质量和对数据管理的有效性，才能够保证大数据分析的结果是真实的、有价值的。

三、大数据技术的价值

（一）挖掘市场机会

企业通过大数据的获取与分析，能够对市场进行更为深入的挖掘。利用大数据，企业能够对市场和消费群体进行更为细致的划分，从而针对不同的用户采取更具针对性的行动和措施，如在产品的设计和创意上更加偏向某一用户群体的喜好等。对于市场机会的挖掘来说，关键就在于如何获取用户的相关信息。大数据技术则将用户的生活、消费行为分解，并通过多种形式对用户的相关数据信息进行采集。经过大数据的分析，企业即可充分掌握消费者的习惯、偏好、需求等，挖掘出用户真正的消费需求，解决企业在产品的销售、创新等方面的各种问题。

在大数据环境下，社会的各行各业都迎来了数字革命。对于企业的营销来说，如何快速、准确地找出产品需求者，分析用户在不同时空对于产品的特定需求，成为其所面临的最主要的问题。此外，在与消费者的沟通和关系的建立上，大数据技术也给企业带来了改变。过去企业与消费者的沟通采用的是一种单一的、分散的方式，而在大数据环境下，双方实现了即时的沟通。在即时的沟通下，也实现了即时的响应，也即企业能够实现对用户需求的快速反应和解决。同时，沟通方式的变化，也使企业在与消费者沟通的过程中能够建立更深层次的关系，不仅仅是过去简单的买卖关系，更要建立互信、双赢的伙伴关系。

大数据能够实现高密度的分析，从而使企业数据在准确性和及时性上得到大幅提升。在大数据技术下，企业能够实现对海量数据的分析，从而实现对市场更为细致和深入的挖掘。大数据分析，能够推动企业在产品、模式、服务等方面的研发和创新，缩短企业的时间成本，提高企业的资源利用率，提高企业的决策水平和精准度，有效降低企业在市场中所面临的风险。

当前，随着网络的普及，人们在日常生活中会频繁地访问互联网，因此企业可以利用大数据技术对用户的访问行为进行数据收集，从而分析出用户的偏好，并针对具有相似偏好的用户群体提供更具针对性的服务，精准地满足用户的需求偏好。甚至，在大数据技术的帮助下，对用户的需求满足可以精准到个人，实现私人的量身定制。大数据技术对用户的勾勒，能够有效降低企业与用户沟通的成本。例如，对于企业来说，可以利用大数据对潜在的用户群体进行分析，调查潜在用户对于企业产品或服务的态度，进而再对持肯定态度的潜在用户进行分析。这时，便可以以收入为标准对其进行进一步的划分，最终确定企业的产品开发和营销的方向。

（二）提高决策能力

传统的企业主要凭借企业管理者的个人经验与直觉进行决策，现在不少企业依然如此。企业依靠管理者做出决策主要还是由于技术、成本等方面的限制，一方面是信息有限，另一方面，企业获取信息也需要付出高昂的成本。然而，在大数据环境下，企业能够收集到海量的数据，因此，在决策上更应该以数据为依据和指导。

关于大数据，可以说，它的产生就是为了满足决策的需要，提高决策的正确性。目前，大数据已经渗透到社会的各行各业，虽然不同的行业之间存在着差别，但是从数据的获取到最终的应用，其模式都是一致的。

基于大数据技术的决策，一是实现了数据决策由量变到质变的发展。大数据技术使对数据更为广泛的挖掘成为现实，这也使得信息的完整性越来越高，在数据信息的依据下，决策的理性程度也越来越高，这就有效避免了依靠个人经验与直觉所做出的决策的盲目性。二是提高了决策的知识性和科学性。虽然大量的数据使人们面临着数据的海洋，但是云计算技术的发展，使得人们避免了被大数据所淹没。利用云计算技术，人们实现了对海量数据的分析与处理，在大数据的海洋中获取和创造有价值的信息。三是在大数据技术下，人们能够解决一些过去难以解决的问题。例如，在药物的研究上，有时简单的样本验证，难以准确地证明其疗效和副作用等信息，其通常需要对多年的、海量的病例数据进行分析，才能够得出准确的结果，而在大数据技术下，人们对于药物信息和病例信息的收集和处理，就变得更为容易。

从宏观层面来说，大数据有利于经济决策部门更加准确地分析当前经济形势、预测经济发展走向，从而制订出更加科学的政策。从微观层面来说，大数据则有利于提高企业决策的效率和水平，促进企业创新，给企业乃至其所处的整个行业创造价值。

（三）创新管理模式

当前，还有不少企业在管理上，仍然延续着传统的方式和制度，通过上下层级进行信息、指示的传递、安排等，禁止员工间对企业进行讨论。随着社会的现代化发展，企业的传统管理模式已经越来越不适应现在社会的需求了。企业对员工严格的控制，会降低企业的效率。

随着现代信息技术和设备的普及与应用，人们生活中的各个领域都已经融入大数据环境，并且提倡个性化。因此，对于企业来说，在当前的时代，创新的意义更加重要。传统的管理模式已经不再适合现代需要了，其对员工个人的压制，不符合个性化的时代需求，不利于企业创新能力的发挥。

在信息时代，一台设备的性能主要是由芯片决定的，也就是由其存储和处理能力，以及程序的有效性所决定的。从这一角度看，对于企业来说，在管理上更要重视系统之间完善和配合，要更加关注对个人或者说是对个人脑力的运用，充分满足员工的个性需求，激发员工的创造力，从而推动企业创新。

其实，大数据技术与企业管理的核心要素之间有着极高的契合度。对于企业管理来说，其最核心的一项要素便是信息的搜集与传递，而大数据技术就是为了通过对信息的挖掘和处理，发现和创造价值。因此，从这一点上来说，二者是高度契合的，甚至可以将大数据技术作为企业管理的一个新的、重要的工具。对于任何企业来说，信息都具有极高的价值，在大数据技术下，企业能够获得更加科学的信息作为决策的依据，以此来提高企业的决策能力，使企业制订出更加科学的、符合自身发展的战略。

（四）变革商业模式

在大数据时代下，充分利用数据价值成了当前的核心。不断有企业通过对大数据的分析和利用，抓住新的市场机遇，对商业模式进行创新。

在大数据时代，不少企业都利用大数据技术或对现有的产品和服务进行完善，或是创造新的产品、服务以及业务模式。纵观互联网技术发展的历史，每当互联网技术实现了概念和技术上的变革，必然会有新的商业模式随之产生。例如，在个人电脑时代，微软抓住了计算机操作系统的市场机遇；在互联网时代，谷歌则抓住了互联网广告的机遇；在移动互联网时代，苹果抓住了终端销售和应用商店的机遇。

如果要考察国内的商业模式创新，则可以以金融业务模式为角度。阿里巴巴旗下的阿里金融就利用大数据技术，收集了海量的用户信用数据和行为数据，以大数据为基础，建立起网络数据模型和信用体系，从而使贷款不再需要抵押和担保，通过数据分析即可完成。阿里金融的这种模式，使贷款变得极为方便，使企业能够快速获得资金。可以说，阿里金融应用大数据技术实现的模式创新，实现了对传统金融业务模式的极大突破，给传统的银行业带来了巨大的挑战。

随着信息技术的不断发展，社会中各种信息的数量呈爆炸式增长，企业所掌握的数据量也越来越大。因此，大数据技术也能够帮助企业对海量数据进行有效的整理、分析和处理，构建系统化的数据体系。

此外，大数据对于企业的出口也具有积极的作用。在过去，企业要实现商品的出口，需要经过国内进口商、国外出口商以及国外的批发商、零售商等多个渠道，从而使企业承担了极大的费用。而在大数据技术下，企业利用大数据平台即可将产品销售到用户的手中，从而使企业节省了各种中间环节的成本。在这一方面，最具代表性的例子就是淘宝网。淘宝网属于网购平台，每天都会有大量的交易在平台上进行。在完成交易的同时，淘宝网还对交易的时间、价格、数量等数据进行记录。同时，淘宝网还拥有买方和卖方的个人信息。这就使得淘宝网拥有了海量的数据，使其同时也成为一个大数据平台。淘宝网将交易数据与买卖双方的个人数据相匹配，优化店铺排名和用户推荐。对于商家来说，其可以利用自己积累的销售信息与淘宝网提供的相关信息相结合，实现经营成本与销售利润的可视化，并利用大数据对产品的销售、创新等进行指导，以获得更多的利润。对于用户来说，则可以对淘宝网中关于产品的评价等相关信息进行查阅和分析，从而购买价格、质量更合适的产品，避免交易风险。

（五）拓展个性化发展

对于个体来说，大数据能够有力地推动其自身的个性化发展。例如，在医疗领域，传统的医疗只能够对患者当前的身体情况进行诊断。然而，在大数据技术下，医生则可以通过对患者个人的历史病历进行分析，实现对患者的个性化治疗。此外，医生还可以根据对患者历史病历的分析，在患者出现发病症状时，为其提供早期的检测和诊断，从而降低患者治疗的费用。在大数据技术下，医疗领域也发展出了各种智能化监测设备，用户佩戴这些设备，便可实现对自身相关身体信息的监控，并通过数据将各种指标反映出来。

大数据技术应用在教育领域，也有利于促进个体的个性化发展。在传统的教育模式下，学生考试的分数成为评价学生最主要的标准。同时，在传统教育模式下，一个教师需要负责数十个学生的教育，教师对知识的讲授、作业的布置等都是统一的，很难做到个性化的因材施教。然而，在大数据技术下，个性化教育得到了极大的发展。例如，以学生的考试分数为例，大数据的分析会将学生的考试分数与其家庭背景、智力水平、学习情况等联系起来，形成数据体系，这也使对个体学生的具体学习情况的关注成为现实。当然，这些数据只对具体的学生个体有意义，对于其他学生来说则是无意义的。只需要通过一定的技术与设备辅助，就可以在学生不自觉的状态下，对学生具体的学习情况进行监控，因此，其获得的数据也具有较高的真实性。此外，在大数据技术的支持下，也带来了弹性学制、个性辅导等个性化的教育模式的实施与创新。

（六）驱动智慧城市的建设

随着大数据的不断发展，已经在国内外形成了建设“智慧城市”的热潮。例如，在交通领域，大数据可以对各类交通工具和交通线路进行分析，以实现对车流的控制和引流，解决交通拥堵问题。大数据还可以通过各种智能设备，实现对公交、地铁在人流等方面的监控和管理，从而实现城市的“智慧交通”。

在治安领域，则可以将城市中的监控系统与计算机连接，与犯罪人员信息匹配，用于抓捕在逃人员。此外，大数据技术还可用于犯罪模式的分析、犯罪趋势的预测等方面，从而实现城市的“智慧安防”。

在医疗领域，利用大数据技术则可以建立数字病历；收集各类临床数据与患者体征数据，用于医疗研发；实现远程会诊等。此外，还可以通过对医疗保险数据的分析，进行商业开发或政策制订等。

可以说，随着智慧城市的建设与发展，政府各在利用大数据进行城市建设与管理等方面已经进入实质化阶段。目前，大数据的运用已显示出了一定的价值。并且，在政府对大数据的应用下，大数据的市场需求也逐渐得到拉动，从而促进了大数据产业化发展。

（七）预判未来趋势

从系统的角度来说，其生命力就在于自身不断地优化，而在系统中，大数据的重要性就相当于血液和神经。在对大数据进行深入挖掘的过程中，人们将会了解到系统内不同机体协调运作的过程，从而使人们能够掌握控制机体的操作，对系统进行长远的维护和优化。对于社会来说，大数据就是人类社会的神经中枢。大数据实现了人类社会间不同个体单位的联系、交流与配合，使人类社会运行得更加灵活。同时，随着大数据的发展，人类社会的交互过程也在不断简化，从而使各类交互活动的成本得到降低。正因如此，人类社会才在大数据下不断向前发展，表现出持续的生机与活力。

通过对大数据在各行各业的应用进行考察和分析可以发现，大数据不仅能够对社会进行深入的挖掘，推动社会的创新，还能够为人们提供看待问题的新的角度，创造新的商业机会。对于企业的生存和发展来说，大数据显得越来越重要。

在大数据环境下，数据的数量有了极大的增长，但是如何实现对大数据的获取和利用，也成为大数据时代的重要问题。在现代社会中，企业所面临的市场环境瞬息万变，市场竞争日益激烈，企业要想实现更好的生存和发展，并在行业中占据领先地位，必须要对行业运行的数据进行海量收集，并利用大数据技术进行数据分析，对未来行业的发展趋势进行预测，从而提前做出调整和部署，应对行业的发展。这一点对于国家来说同样重要，各项科研活动的开展、公共政策的制订、国家战略的部署等，都需要以大数据为基础。

第四节　大数据对高校图书馆的影响

一、高校图书馆拥有的大数据

（一）智能设备数据

例如，图书馆的门禁系统可以保存大量的读者进馆与出馆的信息，这样就可以梳理出相关信息，清晰地了解到哪一个时段是高峰期，从而可以提前做出相应的人员配备，为读者提供更优质的服务。

（二）物联网数据

可以在图书馆的不同的环境中放置传感器，对相关的环境进行数据采集，通过一定时间的积累，可以产生巨大的数据量，这样可以帮助工作人员对图书馆的使用情况有基本的了解，方便他们进行资源配置。

（三）互联网数据

互联网数据的产生速度可以说是超越任何一个传播媒介的。使用互联网的用户很多，因此，互联网数据的更新速度也会非常迅速。这些数据中包含着众多的读者信息，成为图书馆大数据的重要组成部分。

（四）科研共享数据

高校图书馆在很大程度上要充当科研服务中心的角色，而科研服务中心应该成为科研数据的共享平台，但是，很多国内的高校图书馆却没有做到。高校图书馆拥有丰富的科研数据，但只是局限于本单位或者本课题组使用，基本上不会存在共享的情况，这在很大程度上造成了资源的浪费。科研数据的共享可以帮助丰富高校大数据来源，有利于高校图书馆的资源建设。

（五）移动互联网数据

随着高校移动图书馆的深入发展，使用者可以随时随地登录高校图书馆，获取自己所需的信息。这样一来，高校图书馆可以利用移动互联网技术来获取读者的相关信息，进一步分析读者的阅读倾向，可以有效地预测读者的阅读需求。

二、高校图书馆具有大数据特征

随着图书信息资源的丰富，读者对于图书馆的要求也越来越高。在大数据时代，图书馆的大数据特征也越加明显。

首先，图书馆的数据资源所涵盖的内容非常复杂。既有图书馆自身发展的相关数据信息，又有一些读者提供的服务信息。这些数据不管是在编码上还在格式上都没有办法形成统一，因此造成了大量的异构数据。

其次，图书馆的数据资源每天都在更新。全国数字图书馆的信息总量可以说是十分庞大，图书馆必须要根据读者的相关信息整理出合适的应变策略，对这些数据进行分析与筛选。

再次，图书馆也会不定期地推出一些新兴的服务方式。这样就会增加用户的数据信息，对这些数据需要设定一些限定条件，以方便整理。

最后，图书馆数据库的存储与统计已经进入了新的阶段。但是，对这些数据依然需要进行异构处理，不断优化服务方式，为读者带来更好的服务体验。

三、大数据带给高校图书馆的价值

（一）为资源采购提供决策支持

进行资源采购是需要资金支持的，但是图书馆的资金毕竟有限，要想让有限的资金发挥出最佳的效用，就需要合理地分析与预判。通过对读者使用资源的交互数据分析，可以有效地了解到读者对图书资源的使用情况，预测出读者的需求，这样有利于图书的采购。图书馆对于需求量大但没有购买的图书可以增加预定，对于使用频率不高的图书可以减少购买需求，或者取消购买。

（二）为读者提供个性化服务

高校图书馆中包含大量的读者信息，有读者的检索信息、访问记录、借阅记录等，通过这些信息再加上学校提供的读者的个人信息，可以分析出读者的阅读需求与学科需求。对于大数据的分析有利于高校图书馆为读者提供个性化的服务，减少不必要的资源浪费。

（三）为科研人员提供学术环境

高校的科研人员在从事科研活动的过程中，会积累大量的科研数据，高校图书馆有责任将部分科研数据加以保存。同时，高校图书馆还应该积极收集有关科研方面的数据，为相同学科或者相同研究方向的科研人员构建虚拟的社区，打造学术交流圈。

四、大数据时代高校图书馆的定位

（一）业务与服务重点向上游转移

传统图书馆与数字图书馆的业务与服务重点都在下游，也就是在资源的组织、利用和保存上。大数据时代高校图书馆的业务与服务重点开始向上游转移，将重点放在数据收集、分析、存储与处理上。利用大数据的相关技术实现对海量信息的收集、分析、处理，形成具有情报价值的服务信息提供给用户，以便用户可以及时、准确地获取有效信息，真正实现业务与服务的上游转移。

（二）成为公共数据存储、处理、分析与服务中心

图书馆作为现代社会公共文化服务的重要场所，在文献传递、社会教育、娱乐休闲等方面具有重要的意义。我国图书馆一直致力于优化图书馆信息服务，加强信息技术应用。

目前，我们正处在一个信息爆炸的时代，高校图书馆也正在面临密集型数据的相关分析，这样一来图书馆的信息服务也就集中在大数据的分析与处理的领域。高校图书馆的定位不再局限于成为社会文化服务机构，而是致力于成为公共数据存储、处理、分析与服务的中心，肩负起高校图书馆应该承担的责任，凸显图书馆的社会责任。

（三）形成一个完整的网络体系

目前，对大数据争论最多的集中在数据的分析、处理与服务中，想要发挥出这些技术的真正价值，就需要大量数据的支持。只要是相关的数据，都需要进行整理与处理。在大数据时代，高校图书馆需要借助这些数据的支持，甚至是与此相关的信息中心的数据支撑，与高校图书馆形成协调的有机网络体系，实现图书馆数据的共享，更好地为读者服务。

五、大数据引发高校图书馆思考

（一）高校图书馆的海量数据

高校图书馆自身存有大量的实体书，伴随着现代信息技术的不断发展，大量的数字资源与电子资源也存储于高校图书馆。现代新媒体的应用与推广，使读者可以随时随地获取自己需要的信息，高校图书馆的用户也开始大幅度增长，形成了高校图书馆海量的数据。面对数量如此庞大的数据，高校图书馆应该充分挖掘各种半结构化数据，深度挖掘这些数据的隐性价值，不断改

善高校图书馆的服务水平。

虚拟图书馆是当前图书馆发展的一个重要方向。一般认为，虚拟图书馆不同于传统图书馆之处在于其完全依赖互联网络而存在，采用远程传送信息与知识的模式向用户提供服务。它不以大量传统印刷型馆藏为基础，而以全球范围内浩瀚的因特网信息资源为处理对象，通过网络和超文本技术，筛选出高质量、高浓度的信息精品，并对其进行分类评价，按学科或主题重新组织，建立链接，并提供给用户。但随着服务内容的扩展和用户需求的不断变化，虚拟图书馆也不仅仅提供网上内容的检索、浏览、下载、复制或链接，还将与现实图书馆的内部馆藏以及网上各类信息资源（如专题数据库和馆藏目录等）也建立密切的联系，提供现实馆文献信息的电子版本的阅读、检索甚至下载服务。

尽管数字化图书馆和虚拟图书馆建设为图书馆的网上服务勾画出诱人的前景，但网上服务毕竟只是网下服务的延伸和补充，不能完全取代传统的馆舍服务。纸本文献的“内阅外借”以及面对面的服务方式仍然是图书馆服务的基本方式。面对面服务带给服务对象的亲和力和感染力是千篇一律的网络所无法取代的。同时，可以上网的服务项目通常是一些可以被用户自助完成的基本服务内容，如馆藏介绍与查询、数据库联机检索、网络资源导航等。一些较高层次的服务，如信息加工、定题检索服务等，仍然需要图书馆员在网下完成。网下服务不仅不应该被忽略，而且还要不断地加强。例如，很多图书馆采取延长服务时间、扩展服务范围等措施，将网下服务工作做得更完善、更合理。网下服务作为图书馆服务的基本方式只能加强，不能削弱；网上服务则是为图书馆服务开辟了一个新的途径，使常规服务与特色服务相结合。

传统图书馆往往注重“量大类全”的馆藏文献资源建设，而忽略了如何利用这些资源来为读者提供针对性强的、有效的服务。各图书馆所提供的服务内容也往往大同小异。在网络环境下，文献信息总量激增，网上的虚拟资源更是日新月异、种类繁多。一个图书馆要想将所有的资源都提供给用户，既不现实也不可能，加之各种形式的信息源和信息服务机构层出不穷，已与图书馆形成了竞争的态势，图书馆靠传统的常规服务已无法适应新形势下竞争的需要，必须在做好文献收藏和提供服务的同时，办出自己的特色，靠“特色服务”吸引读者和用户，从而在竞争日益激烈的市场上立足。所谓“特色服务”，可分为两种类型。一是以特定的馆藏资源开展的服务。这是每个图书馆在建设和服务上都应该重视并可以做到的。二是以特定的读者群或用户群作为服务对象，开展有针对性的服务。

在第一类特色服务中，比较常用的方法是从用户需求出发，根据本馆实际，开发具有专业优势的产品，如开发网上的特色信息源、为用户提供专业信息导航等。第二类特色服务是网络环境下高校图书馆的建设与服务需要针对特定的用户群体采取针对性的方式开展服务。

当特色服务或特色馆藏发展到一定规模，便成为特色图书馆。特色服务在国外发展得较为成熟，而在国内尚有待加强。其重要原因之一是国内图书馆在建设指导思想上历来存在“求大求全”的错误观念，且服务工作按部就班，缺乏主动性和创新。在网络环境下，作为图书馆个体只有突出自身的馆藏特色和服务特色，才可能在林立的文献信息服务体系中吸引读者、吸引用户。网络竞争的趋势已经迫使图书馆在完善传统服务的同时，加强特色服务，只有二者结合才有可能保持长久的生命力和竞争力。

（二）高校图书馆的读者流失

以实体书为主的高校图书馆，在面对网上各种图书资源的冲击时，不免会产生压力。大数据为高校图书馆的发展提供了新的思路，高校图书馆可以借助大数据技术对读者的需求信息加以分析，不仅可以了解读者的需求，还可以预测读者的服务需求，甚至可以深度挖掘读者的潜在需求。通过对这些信息的收集，可以优化当前的服务方案，更好地吸引读者，以进一步解决当今网络图书盛行的情况下高校图书馆的危机。

（三）高校图书馆的大数据应用

一般来说，高校图书馆的服务人群主要集中在学生与教师中。高校教师的科研成果可以从侧面反映出高校的教学质量与科研水平。高校图书馆有必要为教师与学生提供必要的信息支持。高校可以利用大数据技术，分析学校师生的阅读需求，进一步挖掘信息的潜在价值，优化信息的质量，这也是高校图书馆未来需要努力的方向。

只要是使用高校图书馆，一定会留下使用痕迹，这些数据的质量参差不齐，可以利用大数据技术对这些数据进行筛选，将有价值的信息保存下来。大数据并不是一项具体的技术，而是数据的收集、分析、处理、存取、挖掘技术的综合，这些技术的应用相对成熟，高校可以进行深一步的应用与改善，这样才可以更好地面对新时期对图书馆的要求。

（四）高校图书馆的隐私保护

大数据技术并不是有利无害的，也存在一定的弊端。因为有些数据会涉及读者的隐私，在处理这些数据的过程中，稍有偏差，就会造成用户信息的泄露，会对用户造成极大的危害。这就需要高校图书馆对于信息的处理方式加以改进，注重保护用户的隐私，对相关工作人员的职业操守加以规范，以保证合法、合理地使用读者的数据。

第二章　大数据环境下高校图书馆的信息服务

研究图书馆的信息服务对于提升高校图书馆的服务质量具有重要的意义。随着科技的不断深入，高校图书馆信息服务也发生了变化。

第一节　传统高校图书馆的信息服务

一、传统高校图书馆信息服务的发展变迁

（一）信息服务的起源

在没有大学图书馆之前，学生想看书，主要方式就是向教师借，或者是自己买。伴随着学生对知识需求的不断扩大，学生对图书需求也就越来越大。大学图书馆便由此出现，早期的文献信息服务也由此出现。伴随着学生对于图书需求的不断升级，大学图书馆开始设置出纳台，以方便图书外借，这就是早期图书馆信息服务的雏形。

（二）信息服务的曲折发展

新中国成立之后，高校图书馆得到了空前的发展。随后，第一次全国高校图书馆工作会议召开，为高校图书馆的发展指明了方向。

当时的高校图书馆，并没有对现实情况进行调研，而是实行全藏书大开架。由于没有充足的准备，相关的管理措施不到位，导致很多藏书丢失，给高校图书馆带来严重的经济损失。

十一届三中全会之后，高校图书馆事业重新起步。1981 年，《中华人民共和国高等学校图书馆工作条例》（以下简称《条例》）正式颁布。这标志着高校图书馆事业进入新的阶段。

这一时期的高校图书馆信息服务，主要是传统的手工操作的图书阅览、外借、文献检索等，后来逐步实现计算机借阅、检索等服务。但是由于当时

的高校图书馆的发展理念受到计划经济体制的影响，封闭保守、重视收藏，在一定程度上制约了图书馆信息服务的发展。除此之外，再加上当时发展图书馆信息服务的经费不足、书刊价格上调等原因，当时高校图书馆的信息服务并没有得到进一步的发展。

（三）信息服务观念的更新

随着经济体制的转变，我国的科学技术也在不断地提升，图书馆信息服务的技术也在不断进步，为之后高校图书馆的信息服务的发展奠定了良好的基础。

随着改革开放的不断深入，高校图书馆的发展理念也发生了变化，高校图书馆的信息服务领域不断深化，信息服务的内涵也不断丰富。信息服务的范围不再局限于本校的教学与科研服务，而是拓展到社会，面向市场经济发展的需求，主动提供信息服务。

这一时期高校图书馆的信息服务理念发生了深刻的变化，打破了以往封闭的信息服务理念，开始向开放的信息服务观念转变。

（四）信息服务的革命性变革

伴随着互联网技术的不断深入与普及，实现全球信息资源的共享不再是理想，而是已经慢慢地成为现实。新时期的科技发展，为我国高校图书馆的发展带来了新的冲击。这不仅仅是一次革命性的变革，更是我国高校图书馆信息服务的历史转变。高校图书馆的信息服务质量、服务过程、服务模式、服务对象、服务特色等都有转变。计算机技术的不断发展，为高校图书馆信息服务提供了新的平台，高校图书馆的信息服务开始向自动化、网络化、数字化的方向迈进。1988 年，国家图书馆提出中国数字图书馆工程，信息服务的数字化、自动化、网络化成了当时高校图书馆的建设方向。

二、传统高校图书馆信息服务的内容

（一）高校图书馆文献资源的整合

高校图书馆的文献资源分为传统的纸质图书资源和电子图书资源。高校图书馆的主要服务对象为高校的学生与教职工。

高校图书馆在采购纸质图书的同时，还需要购买数字资源的图书，这无形中增加了图书馆的经费支出。高校图书馆的建设不仅需要进行统筹规划，还需要对具体的细节有一定的考量；不仅需要相关领导的支持，还需要来自社会的支持。与此同时，图书馆应该发挥出自身的积极作用，完善高校图书馆的建设。

（二）高校图书馆阅读推广服务

我国推广全民阅读已经有一段时间，各图书馆也积极地响应号召开展阅读推广服务。阅读推广已经成为高校图书馆的一项职责所在，我国的高校图书馆一直探索建立阅读推广的长效机制，将阅读与高校的文化建设融为一体。

（三）高校图书馆学科服务

传统的学科服务方式大多是被动的，或者说是浅层次的，服务的手段主要是“一对一”或者是“一对多”，即读者或者用户当面进行咨询等服务。高校图书馆在文献资源与网络设备方面具有一定的优势，可以为学科建设提供保障。

（四）高校图书馆教育决策咨询服务

我国高校图书馆在改革之中不断完善，其服务重点也在发生着变化，高校图书馆的信息决策咨询功能也被进一步挖掘。

在高校的决策中，图书馆可以为高校提供重大决策的依据与方案，还可以为高校的建设、规划等提出相关建议，合理规避一些盲目性的决策，减少不必要的资金浪费。在政府的教育决策中，高校图书馆可以为政府提供信息的收集与整理，分析信息等服务，为政府提供决策的方向。

三、高校图书馆网络信息服务发展历程

（一）高校图书馆读者服务宗旨

传统高校图书馆的服务主要集中在信息服务中，服务模式偏重于面对面交流的形式，为师生提供信息的参考咨询服务，为师生寻找相关资料提供方便。在当今时代，高校图书馆作为承载文献中信息的重要工具，可以为更多的人提供知识信息，更应该规范高校的图书馆的定位，明确高校图书馆的服务宗旨。高校图书馆的服务宗旨应是围绕着致力于更好地为读者提供服务而设定的。站在读者的立场上思考问题，解决读者的需求，为读者提供更加优质的服务，这才是高校图书馆应该重点考虑的问题。

从高校图书馆的信息服务的历程来看，高校图书馆信息服务的发展一直都在紧跟时代的步伐，不断适应时代的发展。在新技术的革新中，高校图书馆的信息服务也一直在不断变革，这样才能适应时代的发展变化。高校图书馆信息服务的转型与变革还在不断地进行中。

我们还可以看出，在科学技术不断发展的今天，高校图书馆的信息服务的水平一直在稳步提升，我们使用信息服务的方式也发生了改变，但是无论信息技术如何变革，图书馆的基本职能与使命没有发生改变。不管是过去、现在，还是未来，服务与发展始终都是图书馆需要面对与研究的重要课题。了解图书馆的发展历史，把握图书馆的信息服务的定位，认清图书馆的发展趋势，顺应信息服务的发展规律，可以提升图书馆的整体工作水平。

（二）传统高校图书馆信息服务发展的特点

1. 信息服务理念的特点

（1）知识服务

信息服务就是向人们提供各种有用的显性知识。知识服务就是在信息服务中，将自己需要的知识提炼出来。这种知识的提取是有针对性的，可以解决用户的相关需求。想要提供这项服务，就需要高校图书馆与用户站在同样的立场，为用户切实解决问题。这是一种人性化的定制服务，可以充分体现高校图书馆的定位与服务理念。

（2）公平竞争

信息的整理以及信息资源的分享，可以说是跨越时间与空间的，用户在获取知识的过程中，所受到的局限性越来越少。高校图书馆开始成为用户选择的信息咨询服务机构之一，而不是唯一的选择。

尤其是在 20 世纪 80 年代发展起来的竞争情报，将情报信息进行收集、整理、分析、归纳，将情报以报告的形式整体的产出，整个过程有明确的分工，联系紧密，获得了相关人员的好评。它的出现，在一定程度上，说明了市场经济下发展国家与集体的客观需求，在社会信息高度发展的今天已经成为一种必然的发展趋势，信息资源已经成为国家之间主要竞争力的表现。

（3）增加培训

互联网技术的深入发展，打破了时间与空间上的限制，因此也拓展了高校互联网的服务领域，这就为高校的培训领域以及服务的范围提供了便利的条件。高校图书馆可以结合自己的优势，结合当地的经济发展与区域发展之间需求来拓展信息培训体系，完善信息培训服务。

（4）服务评价

信息服务是从其信息采集过程中的整体性、及时性、层次性等作出评价，再将信息重组、整合为相应的知识与解决方案的评价，更加直观地解决问题。

2. 信息服务手段的特点

（1）即时性

以往的信息服务的主要方式是人工操作，现在的服务方式向着网络化与自动化的方向发展。随着新兴媒体的发展，只要产生需求，就随时可以通过新媒体来解决自己的信息需求。

（2）整体性

利用互联网技术，借助软件技术或者是其他技术，整合图书馆的图书的信息与数字图书馆的相关资源，建立起图书馆的局域网络，给读者提供更加优质的服务，不再局限于一对多的服务方式，可以建立跨越数据库的检索服务。我们国家很多的高校图书馆正在致力于提供一站式服务。

3. 信息服务方式的特点

（1）商业化

信息的需求与信息的数量都在不断增长，比起无偿服务，人们更倾向于将信息作为一种商品来进行交换，获取利益。因此，信息市场开始出现，信息服务的商业化特征越来越明显，就这样形成了综合的信息市场。

（2）精品化

信息服务发展到今天，我们可以清晰地看到决定信息服务发展的是它的质量，而不是它的数量，是它的深度而不是它的广度，是它的规则秩序而不是毫无秩序。信息服务的方式越来越趋向于精品化，这样才能成为一项优质的服务方式。

（3）国际化

使用网络技术，在一定程度上可以说是实现全球信息资源的共享。可以实现跨越空间、跨越文化、跨越地域的信息服务，这就体现了信息服务方式的国际化特点。

4. 信息服务人员综合性的特点

①信息能力。良好的信息意识，掌握现代信息技术，可以使用现代通信技术，从而使信息服务网络化，使信息传递的速度提升。

②科研能力。可以发现信息服务进程中的相关问题，并运用信息服务的成果来解决问题，或者提出批判性的建议，可以总结归纳信息服务实践的经验。

③综合反映能力。综合反映能力主要包括表达能力、总结归纳能力、分析判断能力、记忆能力、观察能力等。

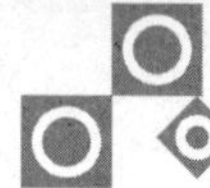

第二节　高校图书馆信息服务的现状分析

一、高校图书馆信息服务的现状

（一）拓展传统信息服务

传统高校图书馆信息服务的主要内容是由内部的工作人员提供人工服务来满足读者的相关要求。高校图书馆信息服务主要包括文献检索、参考咨询、用户教育服务等综合信息服务。

上述的高校图书馆信息服务主要是依赖于人工操作，但并不是说这种方式不好，这种方式也有优点，由于是人工操作，可以帮助读者更好地解决问题，整个服务过程也更容易掌控。在改革高校图书馆信息服务的过程中，可以借助传统方式的优点，利用信息技术的优势来拓展传统信息服务的内容，为用户提供更加优质的服务与体验。

1. 文献网络借阅

随着互联网技术的普及与推广，很多国内的高校图书馆已经建立了自己的门户网站，并有一定存量的电子图书。因此，不仅仅是学校的学生、教师、工作人员，甚至是校外人员都可以登录网站，注册自己的信息，来完成图书的预览、借阅、还书等服务。通过网络，用户可以了解图书的具体信息，可以做到随时随地地查阅，提升了借阅的效率。

2. 文献网络检索

文献网络检索的方式主要有三种，如下所示。

第一种，数据库检索。数据库检索主要依赖于光盘数据库、自建数据库以及在线数据库。很多的高校图书馆经常使用光盘数据库进行检索，因为光盘的优点很多，使用起来方便快捷。很多高校还建立了符合高校自身发展的在线数据库，不仅为更多的用户提供方便，还可以拥有数据库的自由使用权限。

第二种，OPAC 检索。这种检索方式就是实现信息资源的共享与共建。会有不同的高校图书馆参与其中，各个高校图书馆会根据自身的资源定位进行合理的分工，建立信息资源共享系统。这样一来用户就可以随时随地借助 OPAC 进行检索服务。

第三种，网络的参考咨询。信息用户通过登录图书馆主页上的操作指引自行查询，或者是通过及时的通信工具与在线的工作人员进行交流，解决在查询过程中出现的问题。

3. 文献网络信息报道

以往的文献报道服务是指索引、文摘、书目。现在利用互联网技术与现代化的手段可以不断优化报道服务，增加其价值与意义。文献网络信息报道的内容会从深度、广度上都有所提升，文献信息资源的优势会得到进一步体现。

（二）发展网络信息服务

1. 基础网络信息服务

顾名思义，基础网络信息服务就是指用户交流与获取信息的最基本的途径。它所涵盖的内容比较广泛，如网络服务、VOD 服务等。通过这些网络服务可以架起用户之间沟通的桥梁，还可以用最为便捷的方式为用户提供信息服务。

2. 搜索引擎服务

现在经常使用的搜索引擎有百度、谷歌等，高校图书馆与搜索引擎相关联，可以帮助用户在日常信息的咨询过程中，利用搜索引擎查找到自己想要检索的内容。这从一定程度上，提高了工作的效率，减少了不必要的时间浪费。但是搜索引擎中还存在一定的问题，例如，没有设置有效的筛选信息的功能，在进行搜索的过程中，很有可能会出现一些无关紧要的信息，导致搜索的质量并不高，这作为搜索引擎使用过程中最为突出的问题，还需要得到进一步的解决。

3. 网络信息资源导航服务

网络信息资源导航服务就是图书情报人员将信息使用者所查询的信息的主题和与该主题相关的网站链接在一起，并将关联情况建立专业信息资源导航库，帮助用户实现检索、查询等服务，这样会给用户带来信息查询的便利。

尤其是最近几年，我国建立专业的信息导航库已经有一定的成效，虽然与国外的信息导航库还存在一定的差距，但是仍处于不断进步之中。专业的信息资源导航库会对网络上的信息资源进行进一步的深化，提升信息资源内容的质量。由于当今信息资源处于不断变化之中，需要对信息导航库的内容不断地进行更新，以确保信息资源的有效性。

二、图书馆信息服务存在的问题

（一）信息资源问题

开展信息资源服务首先就要解决好图书馆的馆藏信息资源。由于目前高校图书馆的馆藏信息资源的多样化，针对不同资源的使用、管理、保存方面需要注意的事项就会有所区别，这样所呈现出来的资源问题也是多样化的。馆藏信息资源存在问题会对信息服务的开展产生消极影响。因此，需要对馆藏信息进行进一步的分析，这样所产生的使用、管理、保存方面的问题，才会得到合理的解决。

1. 信息资源的保存问题

目前信息资源主要以电子化或者数字化信息资源的形式存在。这样信息资源就会通过磁盘等载体存储下来，但这些载体并不是万无一失的，还会受到外界的影响，如丢失、消磁等，所以说这样的信息资源的保存方式是有一定风险的。除此之外，由于互联网技术的大规模应用，载体还会受到互联网黑客的攻击，或者病毒的入侵等，都会存在一定的信息资源保存上的风险。

2. 信息资源的质量问题

随着网络技术的不断深入，很多电子信息开始出现在人们的视野中，但这些电子信息的质量参差不齐，而且电子信息的更新速度比较快。如何高效地判断电子信息的价值，或者是在信息更新速度如此之快的今天，科学、高效、合理地利用电子信息资源已经成为高校图书馆需要解决的重要问题之一。

3. 信息资源的管理问题

对于纸质图书，可以按照图书分类法进行管理，这样的管理方法相对有效。但对于电子类的图书，按照图书管理的方法进行管理，效果并不理想。就目前的高校图书馆的现状来看，很难及时、高效地整理好网络信息，这就会对信息资源管理产生一定影响。

4. 信息资源的共享问题

纸质图书的借阅、使用、共享只能在一定的范围内进行，不能跨越时间、空间的限制。电子类的图书虽然可以实现信息资源的共享，但是还会受到语言、文化方面的差异的影响，要真正实现信息资源的共享还需要进一步的努力探索。

（二）信息资源环境问题

1. 信息政策与法规问题

信息政策与法规可以规范信息资源服务，抵制不良信息的滋生与发展。最近几年来，我国针对信息方面出台的法律、法规、政策、条文等，有效地规范了信息服务中的不法行为。不得不承认，我国的信息政策法规还是存在一定的问题的，很多的网络信息资源上的法规与政策的问题需要进一步解决。

2. 信息安全管理问题

信息使用者在网络中搜索自己需要的信息资源时，可能会由于不当操作进入不良网站，致使自己的计算机受到病毒的攻击，无法正常使用。或是出现被黑客攻击的情况，导致自己的重要数据与资源丢失或者泄露；或是有黑客对用户系统的参数进行修改，使计算机无法运作，甚至是陷入瘫痪。上述的这些情况都会导致产生信息风险，危害信息安全。

3. 技术问题

图书馆全面开展信息服务的重要前提就是有先进的信息技术。有信息技术作为支持是图书馆信息服务的基础，解决好信息服务的技术问题，对于图书馆的建设具有重要意义。

一些发达国家的图书馆采用的一般都是信息加工技术、信息推拉技术或者是知识挖掘技术等，这些技术在信息服务中具有重要的意义。我国在利用这些技术的过程中，还会存在一定的问题，或者说是使用的效果并不理想。我国缺乏高端的技术开发人员，不能及时更新技术，在出现问题时，也不能及时解决。这样就会影响用户查询信息，还会影响我国图书馆信息服务的发展。

（三）高校图书馆自身存在的问题

随着信息技术的不断深入发展，高校图书馆在各个方面都有一定的进步，但是也还存在着一定的问题。

1. 建设重复导致资源浪费

相对封闭的服务环境形成传统图书馆自我封闭的内向型建设模式。追求个体馆藏的“大而全”，导致从每个图书馆到每个单位、每个系统都试图建立自己的比较完善的服务体系。例如，新中国成立以来，我国的国家级图书馆就有国家图书馆、科学院图书馆、社科院图书馆、军事科学院图书馆、科技情报所等。各省市、各系统（教育系统、军队系统、工会系统、研究院系统等）都有自己的图书馆体系，看似完善，实则造成资源建设重复。

伴随着信息技术的不断发展，数字化建设已经成为全国高校图书馆建设的重点。数字化建设工程需要大量资金的支持，这就需要输送相关人才来完成数字化建设工程。这种做法在我们国家比较普遍，也没有什么原则上的错误，但是各个高校的图书馆在数字化工程建设中出现了配置重复的现象，这种现象就会导致资源的浪费。

究其原因就在于各个高校图书馆在数字化的工程建设过程中，没有进行及时的沟通，甚至是没有进行沟通，这样就会出现管理上各自为政的现象。中国有很多的图书馆由于资金上限制，在数据库以及电子期刊使用上存在一定的限制，很多的在校学生也不能使用校园的网络信息资源，更不用说校外的人员。我们国家培养高校综合人才时不注意对学生信息资源建设的培养，认为这种能力的培养可有可无。我们国家高校图书馆在设置图书的分布情况时，往往只注重本校的重点学科，不注重培养学生的综合能力。因此，在图书的分布比例上也会存在一定的问题。想要避免出现高校图书馆建设重复的现象就需要加强高校图书馆之间的合作，加强它们之间的沟通与交流。

2. 服务针对性不强

总体来说，我国的高校图书馆服务的针对性还有待加强。高校图书馆的主要服务对象还是高校的学生与教师，只有一小部分社会用户，但是高校图书馆信息服务的针对性不强，所提供的服务结构单一，导致很多学生没有办法在短时间内查询到自己所需要的信息。这在很大程度上会影响使用者的体验，不利于高校图书馆的进一步发展。

3. 缺乏综合型人才

很多图书馆的工作人员都是某一专业的优秀人才，很少会有综合型人才，或者是缺乏专业的综合知识。在图书馆工作的人员更需要掌握综合性的知识，这样才可以适应图书馆的实际工作需要。高校的图书馆拥有大量的图书情报科班出身的专业人才，但是在面对用户的多样化的需求中，专业的人才处理起来还存在一定的困难。

综上所述，在我国高校图书馆的发展道路上还存在一定的困难与阻碍，但是也不是无法解决的。只要相关工作者加以重视，积极采取措施进行解决，高校图书馆的信息服务就会朝着更好的方向发展。

第三节　大数据环境下高校图书馆信息服务的模式

一、一站式资源服务模式

在大数据的背景之下，高校图书馆的服务模式已经发生了变化，现在高校图书馆的发展模式是建立在实现用户个性化信息需求上的信息服务模式。这种服务模式依托大数据技术，对用户的需求与潜在需求进行分析，有目的地为用户提供个性化的信息服务。

在大数据时代，信息资源的数量增多，它的生命周期也在缩短，高校图书馆必须要对这些数据进行及时的处理与分析，这样信息的价值才得以体现。虽然，目前高校的图书馆是提供信息服务的，但是在实际的应用中，却不能体现出即时数据信息处理的结果。这样就会导致利用大数据进行信息处理只停留在语言上，无法落实到行动中。

高校图书馆的信息资源具备大数据的特点，可以将大数据的技术与图书馆的信息服务技术相结合，更好地为读者提供个性化的服务。在大数据时代，图书馆的发展模式不断地变化，与之相对应的服务模式也会产生变化。高校图书馆的信息服务主要集中体现在数据、信息、知识、智慧这四个层次上。

在大数据的环境下，数字化的信息资源内容丰富，数据结构形式多样，数据类型也十分丰富。想要收集到全部的信息资源，也不是没有可能的，只是落实到实际操作中，会有一定的困难。信息资源所包含的内容十分复杂，既有现实馆藏资源还有虚拟馆藏资源，这些数据来源于不同的数据库，还有通过互联网产生的信息资源。想要将这些资源整合在一起是十分困难的，不仅要耗费时间，还会耗费大量的资金，而利用大数据技术可以帮助工作人员顺利地整合这些数字资源。

一站式资源服务模式是指利用大数据技术对图书馆的馆藏信息、用户信息、网络信息等进行及时且高速的收集、筛选、分析，将这些内容丰富且结构复杂的数字化信息整合在一起，过滤掉重复与不合格的数据，保存有用的信息资源，然后将它们分类整理好，存储在不同的数据库，为读者在有需要的时候提供服务。

二、学科知识服务模式

高校的学科知识服务模式就是指针对用户的信息需求，对相关的学科进行信息资源的收集、分析与保存，利用自身专业的知识为用户提供专业的知识服务。

不管是在高校图书馆还是其他类型的图书馆中，学科的信息服务都是不可缺少的。高校图书馆的服务对象主要是学生与教师，他们更加需要相关研究学科的专业知识。高校图书馆可以满足他们对学科信息的需求，从侧面也可以反映出高校图书馆的个性化的服务能力。

伴随着科技的不断深入与发展，高校图书馆的信息服务的内容也开始逐渐变化，高校图书馆的信息服务模式也随之改变。学科知识逐渐成为学科生态系统，各个学科知识处在不断的更新之中，利用大数据技术，可以找出用户真正需要的学科知识，为之提供更加专业的服务。

三、信息可视化服务模式

时代在发展，人们对于信息提供的方式也逐渐发生了变化，用户希望反馈的结果可视化程度有所提升。面对用户的要求，高校图书馆必须要加强信息的可视化研究，提升图书馆的服务质量。

通过可视化技术，用户可以清晰地看到检索结果，并提升对检索结果的评价速度，这样评价结果就会更加快速地传递到图书馆中。图书馆可以利用反馈的结果，继续优化用户的信息，这样就会更加贴合用户的需求，提升用户的使用质量。

信息可视化是将抽象的数据通过技术处理的方式，形成可以直接观看的信息。可视化技术是为图书馆的数据分析与挖掘潜在价值而存在的。

在高校图书馆信息服务中使用信息可视化技术可以提高查准率，有效解决用户信息需求与图书馆提供信息之间的矛盾。可视化技术最大的特色就是对抽象化的数据进行分析与处理。利用可视化技术可以有效解决异构数据的问题。

信息可视化可以将检索的主题可视化，使各个学科之间的知识结构清晰化，这样反馈给用户的信息就会更加清晰。在大数据的环境中，为了更好地满足用户的个性化需求，高校图书馆为用户提供有数据应用的信息可视化服务，已经成为一种趋势。

四、智慧服务模式

（一）接受服务与自助服务相结合

传统图书馆的借阅服务、流通服务、文献检索等主要以手工操作方式为主，即使其中某些环节实现自动化，其自动化程度和整体效率同样不高或不理想；而自动化技术的大量引入使得以往许多手工操作的服务过程被自动操作系统取代，如馆藏信息查询、读者信息查询、数据库检索等，这部分网络服务完全可以由用户自己去完成。这样既提高了效率，又将馆员从烦琐、简单、重复性的劳动当中解脱出来，以便从事更深、更高层次的服务。对于读者而言，学会利用自动系统进行图书自助服务，既提高了效率，也更方便、快捷。图书馆的部分读者服务也从以前单纯由工作人员“提供服务”向读者“自助服务”的方向发展。读者可以利用图书馆内的导引系统（如触摸式帮助系统）了解图书馆馆藏内容、分布和服务项目，或利用图书馆的公共查询系统，查询自己需要的文献资源。

网络环境中服务地点与被服务地点的分离也对自助服务提出了要求。传统图书馆对读者提供的是面对面的服务。无论是日常性的馆舍服务还是偶尔为之的上门服务，服务者提供服务的地点与服务对象接受服务的地点总是一致的。而在日益发达的网络环境下，自助服务方式更有利于远地和异地读者方便地利用图书馆资源。

即使对于本地读者而言，自助服务方式也使读者不必直接亲自进入图书馆，而是通过自动化的手段获得同样的服务网络的虚拟环境，为用户的自助服务开辟了极具前景的发展空间。很多图书馆已经设立了自己的网站，图书馆主页正在成为接待用户、提供服务的重要窗口。用户可以进入图书馆主页，了解图书馆的概况、馆藏分布及最新动态，或进入图书馆的文献服务系统，自己办理图书的预约、续借等手续。用户还可以进入信息导航系统，该系统是由图书馆工作人员将分布在网上的各种信息资源按一定的分类方法加以归类整理，以超文本的方式为读者提供网址链接。用户还可以进入图书馆主页中提供的联机数据库系统，检索自己关心的专题文献，甚至直接在网上阅览文献全文。

以上这些系统都具有良好的用户界面，还有一定的交互特性甚至智能化特性。服务方式的自助化，满足了网络环境下用户信息需求的自主性特性，同时也将图书馆工作人员从提供一些简单重复的劳力型服务中解放出来，从事更高层次的知识型服务，如通过自动化系统向用户提供远程专题咨询自助服务。但并不是所有的服务内容都可以完全用自助方式实现的，如文献查询、定题检索、信息加工等一些层次较高的服务，这些要求对知识进行提炼、加工的服务仍然需要馆员利用人脑的智慧来实现。正如电脑无法取代人脑一样，以人脑智慧为原动力的创造性的知识密集性劳动是永远无法用机器设备来取代的。

（二）有偿服务与公益服务相结合

图书馆作为公共服务体系的一个重要组成部分，提供公益性服务是其不可推卸的责任。但面对资金投入有限而服务需求日益增多的实际情况，图书馆在做好无偿的公益服务的同时，通过增加新的服务项目适当开展一些有偿服务，似乎也无可非议。网络时代是高技术的时代，大量先进技术设备和手段不断被运用到图书馆的服务中来。这些都需要很大的投资，服务过程中也会有很大的损耗。随着服务内容的扩展和服务中技术含量的提高，图书馆必须重视对人才的培养和引进，以保持持续发展，这同样需要资金支持。但是仅靠国家投入是不够的，开展适当的有偿服务，不仅可以加强图书馆自身的造血功能，弥补国家投资的不足，也可以满足信息消费者的需求。同时，这也是图书馆服务适应市场经济新形势所需采取的必要措施。

网络时代也是竞争的时代、信息的时代。各行各业的竞争发展都需要信息，需要技术。图书馆利用各种自身优势为用户提供有偿服务的方式已经得到社会和读者的认可。可以预料，在信息产业化的进程中，这种有偿服务的比重将会逐渐增加。

有偿服务应当只限于某些特定的服务范围之内，有偿服务的开展不能取代或损害公益服务即无偿服务的职能。两者并存是图书馆作为公共服务机构在市场经济条件下发展的需要。至于具体的服务方式，则需根据不同的需求和条件而确定，我国文献信息服务模式可概括为文献外借、文献阅览、文献复制、文献检索、情报研究、文献代译、文献信息咨询、宣传报道、定向服务、用户教育、文献信息中介和文献信息营销等 12 种。

在网络环境下，文献载体形态变得更加多样化，技术手段也越来越先进，正在不断出现新的服务方式，如网上咨询、广告策划等。更多新的服务模式也将伴随着用户日益多样化的服务需求、信息基础建设的日益进步和完善以及计算机新技术的更广泛应用而陆续出现。

综上所述，新兴技术的发展与应用，改变了图书馆传统的建设服务模式，为现代图书馆的建设带来了新的机遇与挑战。在大数据的环境之下图书馆服务是运用现代化的方式与手段，来满足人们日益多元化的需求。

第三章　大数据环境下高校图书馆的服务创新

高校图书馆是高校的知识服务单位，服务是其不变的宗旨。知识经济时代下，互联网技术日新月异，影响着人们的生活方式。面对数字化的环境，高校图书馆应充分利用网络信息技术，不断在服务模式、服务内容、服务手段等方面进行创新，为用户提供更加便捷、准确的服务。

第一节　现代图书馆服务创新

一、创新概述

（一）创新的概念

创新是摒弃旧的事物，创造新的事物。因为从微观到宏观、从自然界到人类社会，事物都是处在发展变动之中的。旧的事物一定是在旧的环境下产生的，当客观环境发生变化的时候，旧的事物要么不能够适应新的生存环境，要么不能够解决新出现的问题，自身的功能和存在价值都大打折扣。这个时候，创新就成为必须完成的任务。创新是人类活力的源泉，也是一种思维活动和过程。人类发展的历史就是一部创新史，随着人类创新实践的不断发展，人们对创新的认识也在不断丰富和完善。

（二）创新的分类

由于事物发展变化的普遍性以及人的认识不断向纵深发展，创新普遍存在于科学进步、社会生活的各个方面。

1. 知识创新

知识是人们在探索、利用和改造世界中获得的认知经验。知识创新就是在现有知识基础上的发明或创造。知识可分为自然科学知识和社会科学知识。因此，知识创新也可以分为自然科学知识创新和社会科学知识创新。自然科学知识创新包括数学、生物学、化学、物理学等学科领域知识的创新。社会科学知识创新包括哲学、历史学、美学、管理学等学科领域知识的创新。

2. 方法创新

方法是人们在探索、利用和改造世界的实践中解决问题的程序或途径。方法创新是在现有方法基础上的发明或创造。方法创新是人们发现问题、分析问题或解决问题的程序、途径或窍门的创新。

3. 制度创新

制度创新的主要内容是社会政治、经济、文化、管理等制度的革新。制度创新能调动人们的积极性，启发创造性，推动人们不断创造新知识、新技术、新方法等，促进社会资源的合理配置，最终推动社会进步。同时，创新活动的结果又通过制度创新得以固化，以制度化的方式持续发挥着作用。

4. 技术创新

技术创新是企业或组织通过研发新工艺、新产品，从而降低成本、提高效率、提高核心竞争力、占领市场、建立新组织、获取更多利益的综合过程。技术创新始于研究开发，而终于市场实现，包括科技、组织、商业和金融等一系列活动。成功的技术创新能够加速推动长期的盈利增长，在经济收益、市场状态和组织能力等方面单独或同时取得较高的期望效益。

5. 管理创新

管理创新是组织的管理思维、方式和技术的变革与完善，是组织面对环境的变化，用新思维和新方法对组织管理模式进行重新设计，以促进组织管理的有效运营。管理创新包括管理观念创新、管理组织创新、管理方法创新以及管理技术创新等主要内容。由于各组织的外部环境是不断变化的，组织需要不断进行管理创新以适应环境和发展的需要，在激烈的市场竞争中取得发展。

二、服务创新的概念

从广义上讲，服务创新是指一切与服务相关的创新活动；从狭义上讲，服务创新是服务业中的创新活动。笔者认为，服务创新不限制于服务业，还存在于其他行业。服务创新的范畴可分为三类，即服务业、制造业和非营利性的公共部门。服务在本质上是一个过程，具有易逝性、无形性和不可储存性等特点，服务创新也具有区别于其他创新的独特特征。

三、服务创新的特征

（一）无形性

服务创新是一个无形的过程，服务创新的结果也是一种无形的概念和标准，如新的服务理念、新的服务方式等。

（二）多样性

服务创新具有多样性。服务创新既包括技术创新，又包括非技术创新。服务创新的形式主要包括：形式创新、过程创新、产品创新、组织创新、社会创新、市场创新等。

（三）用户导向性

服务创新以用户需求为导向，具有用户导向性。服务创新充分考虑用户需求，对用户需求进行深入研究，为用户提供更加便捷的服务。用户也应该参与到服务创新的过程中来，及时反馈在使用过程中遇到的问题，为服务创新提供建议，推动服务创新活动的开展。

（四）交互性

服务创新的交互性主要体现在与用户的交互和企业内部的交互两方面。用户的建议和需求是服务创新的重要来源。与用户的交互就是以用户需求为导向，与用户进行沟通交流，及时获取用户反馈，听取用户建议，从而进行服务创新活动。企业内部的交互主要是领导和员工、员工和员工之间的相互交流和相互学习，将隐性知识外化成显性知识，进行知识共享，以推动服务创新。企业内部交互作用的质量能直接影响服务创新的效果。

（五）渐进性

服务创新的过程是渐进性的，是在原有服务的基础上进行提高的过程，根本性的服务创新较少。

四、服务创新的维度模型

（一）创新服务概念

1998 年，彼尔德·贝克等人提出了服务创新的四维度模型，它全面地描述了服务创新的内容，能指导服务创新的实际开发。

前面在总结服务创新的特征时提到了无形性。无形性就是指服务创新是一个无形的过程。服务创新的结果一般是解决某种问题的新想法、新概念或新标准。因此，服务创新可以说是一种概念化创新。服务企业在创新服务概念时，应明确市场需求变化，深入探索用户要求，洞察竞争者的行为，在这些基础之上改进原有服务、开发新服务、提高企业的竞争力。

（二）用户界面

用户界面主要包括与用户进行交流的方式和为用户提供服务的方式。用户与服务者之间的相互作用是服务创新的重要来源之一。当今服务创新活动以用户需求为导向，注重用户参与，因此用户界面的设计在服务创新中也越来越重要。

（三）服务传递系统

服务传递系统是生产和传递服务的组织。服务企业通过科学管理组织、合理配置人员，推动企业人员进行服务创新，开发新服务。服务传递系统强调组织机构和员工能力应满足新服务开发的需要，服务企业应通过合理安排组织，提高员工能力来使服务创新顺利进行。

（四）技术

技术是服务创新中的可选维度，在没有技术维度的参与下，服务创新同样能发生。技术维度不是服务创新中的必要维度，但技术维度在服务创新中能起到重要的作用，引进相关技术可以使大多数服务提高效率。

任何一项服务创新活动都是四个维度进行某种特定组合的结果，单一维度是不能完成服务创新活动的。一项服务创新活动需要形成新的服务概念，与用户进行交流，开发新的服务传递系统，开发或引进相关技术促进新服务的生产和传递。四维度模型中的每一个维度及维度间的特定组合对服务创新的作用都是不同的。因此，服务企业要根据自身特点和市场环境来选择合适的维度，把握不同维度之间的关联，使服务创新活动顺利进行。

五、图书馆服务创新的动力

（一）内在动力

正确认识和把握高校图书馆服务创新的动力是进行服务创新的前提。高校图书馆服务创新的动力既包括图书馆内部因素，也包括外部因素，这些因素结合到一起推动高校图书馆的服务创新。

1. 可持续发展战略

高校图书馆的可持续发展战略是指高校图书馆发展的长期规划，是指导高校图书馆开展各项服务活动的准则。高校图书馆将服务创新纳入长期发展规划，使可持续发展战略推动服务创新高效进行，有利于高校图书馆的长久稳定发展，有利于提高其竞争优势。

2. 高校图书馆馆员

高校图书馆馆员在高校图书馆的服务中起到与用户进行交互的重要作用，是高校图书馆服务创新的重要驱动力之一。图书馆馆员在与用户的交互过程中，了解用户需求和建议，能更容易产生创新设想。馆员还能充分利用自身的知识为高校图书馆的服务创新提供思路。高校图书馆的服务创新是由图书馆馆员来实施的，馆员能在实施过程中及时发现问题，并解决问题。

（二）外在动力

1. 政策环境

为顺应知识经济时代的快速发展，我国制定了“科教兴国”战略，通过发展科技和教育来推动我国经济的发展。高校是国家知识创新的重要基地，高校图书馆作为高校的一个重要部门，应自觉进行创新，更好地为教科研服务，进而推动我国经济发展。高校图书馆应系统整理现有的馆藏实体资源，并充分利用互联网信息技术，建设数字化信息资源，同时要对这些资源进行科学的整理和维护。

2. 技术环境

随着现代信息技术的不断发展，数字化的技术环境给高校图书馆的服务带来了机遇和挑战。网络化的环境是高校图书馆服务创新的重要推动力。高校图书馆应充分利用现代信息技术，不断更新服务方式，为用户提供更便捷的服务。

3. 竞争环境

在信息技术飞速发展的今天，各种基于互联网的服务供应商越来越多，如各种搜索引擎服务供应商（如百度搜索、搜狗搜索和谷歌搜索等）、各种专业知识服务供应商（如中国知网、万方数据和重庆维普等）。此外，社会上的公共图书馆、书吧等也越来越多。毫无疑问，这些竞争者给高校图书馆带来了挑战。但这样的竞争环境也是高校图书馆服务创新的驱动力，高校图书馆应适应时代发展趋势，充分利用自身优势，从而获得用户的青睐。

4. 用户需求变化

在外在动力中，用户需求变化对高校图书馆服务创新起到重要的推动作用。随着社会的发展和科技的不断进步，高校图书馆用户对信息的需求从广度和深度上都发生了巨大的变化。用户可以不受空间和时间的限制，便捷地通过互联网获取所需信息，到图书馆获取信息不再是唯一途径，用户对信息的质量也提出了更高的要求。用户获取信息的方式越来越依赖于互联网，具体来说，数字化环境下的用户需求具有以下特点。

（1）多样化

数字化环境下，实体形式的文献已经不再是满足用户需求的主要信息资源，而阅读电子化的文献成为用户获取信息资源的主要方式。用户对信息的需求呈现全方位的趋势，获取信息资源的方式不再局限于传统印刷型文献，而是更多地向数字化方向发展。用户对信息资源内容的需求也不断扩大，不仅需要教科研相关的信息，还需要社会生活方面的信息。

（2）个性化

高校图书馆服务创新的一大特点就是个性化服务。随着用户信息环境的不断变化，用户对信息需求的服务已经不满足于简单的信息提供，而是要求图书馆开展个性化、专业化的服务，要求图书馆深入信息，挖掘和利用信息内容。尤其是高校图书馆的用户对知识信息的要求较为专业、精深，因此高校图书馆应集中学科相关知识，可针对某一专题搜集和整理相关信息，提炼出对用户学习或研究有价值的信息资源，为用户提供个性化服务。

（3）自助化

传统图书馆服务主要是用户与馆员进行面对面交流。在数字化环境下，非正式交流成为服务趋势。用户能通过自助的方式来完成图书馆服务，如资源检索、网上论坛等。用户能突破空间的限制，不用亲自来到图书馆就能进行图书馆服务。因此，高校图书馆应完善自助设施，对馆员进行自助引导培训，还要丰富网络服务内容，为用户自助服务创造条件。

网络化环境下，用户的信息环境不断发生变化，用户的信息需求也不断变化。服务是高校图书馆的宗旨，用户的信息需求变化是高校图书馆服务创新的重要驱动力。因此，高校图书馆应深入用户环境，研究用户的需求变化，根据用户的需求进行服务创新，为用户提供更专业化、个性化的服务。

六、图书馆服务创新的构成要素

（一）资源

资源要素是高校图书馆构成的基本要素，也是高校图书馆服务创新的重要因素。资源要素不仅包括高校图书馆传统的馆藏纸质资源，还包括随着互联网技术发展出现的数字化、电子化信息资源。资源要素是高校图书馆进行服务创新活动的物质基础。在这样的环境下，高校图书馆既要充分发挥自身优势，做好传统信息资源的服务工作，还要抓住互联网带来的机遇，利用现代信息技术，对庞杂的网络信息资源进行深层次开发，找出信息资源中有价值的内容。网络信息资源良莠不齐，高校图书馆应对信息资源进行挖掘、筛选，为用户提供知识增值服务，不断提高图书馆的服务水平。

（二）用户

用户是高校图书馆服务的主体，是高校图书馆服务创新的重要因素。高校图书馆的用户可主要分为两种，一种是学习型用户，另一种是研究型用户。学习型用户主要包括高校学生、在职学习的学员和短期培训班的学员等；研究型用户主要包括高校教师和科研人员。学习型用户和研究型用户的信息需求不同。学习型用户需要的信息资源主要是相关专业的教材、教学参考书和其他一些参考资料。研究型用户需要的信息资源主要是相关研究的论文、专著和科研报告等。他们所从事的是创造性的研究工作，是一种较高水平的信息需求，因此还需要相关领域的发展前沿动态等信息。

学科研究的不断扩展和深入，使分支学科、横断学科和边缘学科大量涌现，文理交叉、理论与实践交叉的趋势也越来越明显。因此，用户的信息需求也朝多样化趋势发展。随着互联网信息技术的飞速发展，基于互联网的信息资源大量出现，用户利用网络信息资源的频率逐渐提高，通过互联网获取信息资源成为当前用户获取资源的重要手段。互联网的深入发展，对用户的信息素养提出了更高的要求，即要求用户要具有计算机应用能力、外语能力、信息检索能力、信息整合能力等。高校图书馆有责任提高用户的信息素养，进而提高高校图书馆的服务水平。

（三）馆员

图书馆馆员是高校图书馆服务的提供者，在高校图书馆的服务创新活动中起着重要作用。高校图书馆服务是通过馆员与用户的交互完成的。在馆员与用户的互动中，馆员了解用户需求，用户提出建议，从而产生创新思想。图书馆馆员的素质在一定程度上影响着高校图书馆的服务质量。传统图书馆的职能主要是搜集、整理、维护、利用传统文献资料，馆员是文献资料的保管者和传播者。为适应数字化环境，高校图书馆的服务形式、服务手段、服务内容等都需要不断更新。高素质的馆员是图书馆高质量服务的重要保障，因此图书馆馆员应不断提升自身素质。

（四）技术

随着现代信息技术的不断发展，技术要素在高校图书馆服务中发挥的作用越来越大。科学技术扩宽了高校图书馆的服务领域，将图书馆的传统服务拓展到数字化环境中，开始开发和利用数字化资源。现代信息技术主要包括：网络技术、数字化技术、多媒体技术、通信技术、数据库技术等。现代信息技术对高校图书馆的影响主要包括以下几方面。

第一，馆藏资源数字化。现代信息技术的发展使高校图书馆能把有价值的传统文献资源转换成数字化信息资源，将各种传统文献资源处理成图像形式、字符编码形式、音频形式、视频形式等，并将这些处理好的数字化信息资源储存在大容量设备中。高校图书馆还可引进各种电子化出版物，丰富图书馆的数字化信息资源。数字化资源既节省了高校图书馆的储存空间，还使用户可以更加便捷地获取信息资源，让用户在网络上就能进行信息检索。

第二，服务内容、服务范围的拓展。高校可通过建立数字化图书馆，将传统文献整理成数字化形式，同时将互联网的信息资源进行整合，把图书馆的服务范围扩大到整个互联网，为更多的用户提供信息资源服务，也为用户提供更多的信息资源。高校图书馆可通过数字化参考咨询技术为用户提供 24 小时的咨询服务，提高了服务效率，还可根据用户需求，为用户提供个性化信息推送服务、个人图书馆定制服务等。

第三，信息资源共享。在互联网环境下，高校图书馆能利用网络与国内外其他高校图书馆、各种信息服务机构联系起来，实现大规模的信息资源共享，为用户提供更多的信息资源。

随着数字化环境的发展，高校图书馆应及时调整自身的服务体系，向数字型、复合型图书馆转变。在这一过程中，高校图书馆的四个构成因素也发生了一定的转变。高校图书馆的服务创新活动是在这四个要素的组合、交互作用中完成的，任何一个要素都不能独立发生作用，具体表现在以下几方面。

首先，各种信息资源要通过高校图书馆馆员的挖掘、整理，才能有效传递给用户，为用户所用。

其次，高校图书馆馆员在与用户交流的过程中，要了解用户需求，发现服务中存在的问题，从而产生创新思想；用户在利用高校图书馆的过程中与图书馆馆员进行沟通，完成信息资源需求，并将服务建议反馈给图书馆馆员，亲身参与到服务创新活动中。

最后，随着现代信息技术在生产生活中的深入应用，高校图书馆的服务手段越来越先进。因此，高校图书馆馆员要适应网络化环境带来的变化，积极提升自身素质，掌握各种现代信息技术，从而使自身能对网络信息资源进行挖掘、分析、筛选、整理。由此可见，这四个构成要素是相互关联、相互作用的。高校图书馆的服务创新活动只有将这四个要素有效组合，充分发挥各个要素的作用，才能顺利完成服务创新活动。

七、图书馆服务创新的理念

（一）个性化服务理念

创新的前提是对现状的不满足，创新建立在对市场规律和本行业发展前景正确把握的基础上。高校图书馆之所以要进行服务创新是由于传统的高校图书馆的服务模式已无法满足用户的需求，无法适应社会的发展，为了保证高校图书馆持续稳定的发展，就必须更新图书馆服务创新的理念。

高校图书馆的个性化服务理念的出发点是以人为本，依据用户的个人情况，利用先进的网络信息技术，为用户选择更适合的资源，给用户提供的一种快速、便捷、高效、个性的信息服务。个性化信息是一种信息组合，由人类个体的特征和人类的个性需求所决定。高校图书馆的个性化信息服务主要包含以下两方面的含义：①通过分析用户的个体特性和个人情况，主动为用户提供用户可能需求的信息服务，例如，信息个性化服务定制、信息推送服务等。②作为使用者的用户可以依照自己的需求和目的，在某一特定的检索功能界面，按照用户自己的个性设置获取信息的知识结构、信息需求、表现形式、来源方式等，来促进用户有效利用信息，进行服务创新。

（二）资源共享理念

高校图书馆的资源共享理念是指在自愿、平等、互惠的基础上，通过建立两个或两个以上的图书馆之间的合作关系或是建立图书馆与其他机构间的合作关系，并利用先进的互联网信息技术，实现信息资源的共建共享，最大限度地满足用户对信息资源的需求。高校图书馆以网络信息技术为依托，进行信息资源的电子化、数字化和网络化的整合，构建一个相互关联、可以实现信息资源共享服务的网络平台。

（三）以人为本理念

服务至上是图书馆馆员工作的宗旨。这一宗旨就是说要把图书馆的各项工作都纳入以人为本的服务理念中来。以人为本的服务理念就是把服务的根本放在人上，注重人文关怀、弘扬人文精神、尊重人的发展、满足人的需求等。开展高校图书馆创新服务的前提便是以人为本。

高校图书馆以人为本的理念包含两个方面的内容：一是针对图书馆馆员，要提高馆员的综合素养和专业技能水平；二是针对用户，高校图书馆在为用户提供服务的同时，也要适当对用户开展培训工作，提高用户对图书馆的利用能力，从而提高图书馆的服务水平。

（四）知识服务理念

知识服务理念是在知识经济背景下提出的一种新型服务理念，是对信息资源的一种深层次开发和利用，它所提供的知识信息资源应该是面向实际的、有效的，也是有针对性的。知识服务是以知识的搜索、分析、重组能力为基础的一种解决问题的服务模式。高校图书馆不仅要为用户提供可用的知识信息，还要注重信息资源的开发与利用，从复杂的信息资源中获取有价值的知识，将这些知识融入用户的学习或研究中，帮助用户发现、获取和创新知识。此外，高校图书馆的用户主要是具有较强学术基础的教师和学生，针对他们的知识服务，无论是从服务层次还是服务内容来看都具有研究性。因此，高校图书馆应深入分析相关知识，为用户提供满意的服务。

八、图书馆服务的定律

（一）图书馆学五定律

1931 年，印度著名图书馆学家阮冈纳赞提出了图书馆学的五定律。这五条定律强调图书馆服务的重要性，转变了图书馆以收藏为主的服务理念。阮冈纳赞提出的五定律内容具体如下。

第一定律，书是为了用的。这一定律转变了图书馆以收藏书为主的服务理念，确定了利用书的服务宗旨。

第二定律，每个读者有其书。这一定律强调服务对象，要求图书馆要为每一位读者提供图书。

第三定律，每本书有其读者。这一定律强调服务的针对性，要求图书馆的图书资源要发挥作用。第二、三定律说明了图书馆服务从书本位到人本位的转变。

第四定律，节约读者的时间。这一定律强调图书馆服务的效率。图书馆的服务应节约读者的时间。

第五定律，图书馆是一个生长的有机体。这一定律说明了图书馆应不断进行服务创新活动，不断提高服务质量。

（二）图书馆学新五定律

在阮冈纳赞的五定律基础上，美国图书馆学家迈克尔·戈曼于 1995 年提出了图书馆学的新五定律，其内容主要包括：①图书馆服务于人类文化素质；②掌握各种知识传播方式；③明智地采用科学技术提高服务质量；④确保知识的自由存取；⑤尊重过去，开创未来。

新五定律仍然强调图书馆的服务功能，但将其提升到了现代化服务的高度，适用于目前所处的信息环境，具有当今时代的鲜明特征。图书馆学的新老五定律都说明了服务是图书馆工作的宗旨，图书馆的目的是为用户提供服务。

（三）图书馆服务新五定律

南开大学的柯平教授对新老五定律的服务精神进行了总结，并结合当今环境下图书馆服务的发展，提出了图书馆服务的新五定律。

第一定律，为每一个读者或用户服务。这一定律确立了以读者或用户为中心的服务理念，强调了图书馆的服务本质。

第二定律，服务是效率、质量与效用的统一。这一定律强调图书馆在服务过程中要保证服务效率，为读者或用户尽快提供所需的信息资源，保证信息资源的质量，还要使所提供的资源能够被充分利用。

第三定律，提高读者或用户的素养。这一定律强调图书馆的服务育人职能，图书馆要对读者或用户进行信息素养培训，提高读者或用户的信息素养，进而提高图书馆的服务质量。

第四定律，努力保障知识与信息的自由存取。这一定律强调图书馆要积极采取各种有效措施，获取大量知识与信息，保证知识与信息能够被读者或用户自由使用。这是图书馆服务的理想境界。

第五定律，传承人类文化。这一定律强调图书馆服务的深远意义。图书馆服务使知识与信息发挥作用，使人们的素质得到提高，从而创造财富，促进生产力和社会的进步。

第二节　技术创新与服务创新的关系

一、技术与服务的关系

（一）定义关系

定义关系是指技术“定义”服务。当出现技术创新时，那些以技术为基础的服务就出现了创新的可能性。

（二）替代关系

替代关系是指用户利用技术设备替代传统人工服务。替代关系将传统服务中服务提供者与用户的交互作用转换成了用户与技术间的交互作用，服务提供者为用户提供自动化服务。迈尔斯认为，这种替代关系改变了服务传递的方式，属于传递创新。传统图书馆服务主要由图书馆馆员为用户提供服务，而现代图书馆服务则是用户利用计算机管理系统自助完成服务。

（三）决定关系

决定关系是指技术对服务的发展和创新具有决定性作用，技术引入或创新能使服务发生变化，“重塑”现有服务。例如，数字化参考咨询服务就是传统图书馆参考咨询服务在服务手段上的变化。

（四）传播关系

传播关系是指服务对技术起到传播和扩散作用。服务在组织创新和技术创新的传播和扩散中都起到重要作用。例如，现代信息技术在图书馆资源数字化及信息资源传递的过程中得到应用，传播和扩散了数字化技术、通信技术、数据库技术、多媒体技术等。

（五）生产关系

生产关系是指服务“生产”技术。作为特定技术的用户，服务企业可以推动新技术出现，还可以自己进行技术开发。例如，图书馆自动化管理系统就是在图书馆的需求影响下出现的。

二、技术创新与服务创新

（一）技术创新与服务创新的关系

结合技术与服务的关系，可以从以下几个方面来探讨技术创新与服务创新的关系。

第一，从高校图书馆的构成要素来看，技术要素是服务创新活动的重要因素之一。还可以说服务创新包含技术创新，技术创新是服务创新的一个方面，除技术创新外，服务创新还包含其他非技术要素的创新。

第二，技术创新是服务创新的重要保障，在服务创新中起到重要作用。高校图书馆通过更新技术，改进了服务手段，扩大了服务范围，丰富了服务内容，提高了服务效率，使图书馆服务质量得到提高。

第三，服务创新推动技术创新。一方面，技术提供商要与高校图书馆建立联系，充分考虑高校图书馆的服务需求和技术问题，做到以用户为中心，在此基础上进行技术创新，满足高校图书馆的服务创新活动需要，推动高校图书馆服务创新。另一方面，高校图书馆对新技术的运用推动了新技术的传播和扩散。由此可见，技术创新与服务创新之间是相互促进的关系。

（二）服务创新中的技术维度

技术可以分为科学维度和人文维度。但随着技术理性的恶性膨胀，科学维度与人文维度逐渐背离。只有将技术中的人文维度与科学维度相结合，技术理性与人文精神相结合，才能使技术更好地满足人的需求。对于高校图书馆来说，人文精神指的是图书馆理论研究与工作实践中所体现的以人为本的理念，即满足用户的需求、追求用户发展；而科学精神是指崇尚科学、积极研究、利用各种科学技术手段来提高图书馆的服务质量。

人文精神与科学精神的融合对高校图书馆发展具有现实意义。科学技术是为人服务的，先进的科学技术改进了人们获取信息、传递信息、加工信息、储存信息的方式，使人类能更便捷地获取所需信息，满足信息资源需求。高校图书馆的人文精神与科学精神是不可分割的，没有人文精神的图书馆，是冰冷的、没有人情味的图书馆，而没有科学精神的图书馆，则是落后的、没有生机的图书馆。高校图书馆应弘扬人文精神，引导人们走出技术传统的误区，实现高校图书馆的健康稳定发展。

第三节　个性化信息服务

一、个性化信息服务的含义

个性化信息服务是指能够根据用户提出的具体要求，满足用户个性化需求的一种服务，或通过分析用户个性和习惯主动向用户提供可能性的服务。

个性化信息服务的内涵主要包括两个方面：一是用户根据自己的需求、兴趣，定制所需要的信息服务；二是信息服务提供者通过分析用户的习惯、需求，建立起个性化用户模型，筛选提交给用户的信息，并根据用户的动态需求及时进行主动性推荐。

二、个性化信息服务的特点

（一）针对性

个性化信息服务以用户为中心，服务的宗旨是满足用户需求。所有的服务都以方便用户、为用户提供所需信息服务为前提。个性化信息服务模式通过深入研究用户的爱好、习惯、行为、需求等来建立个性化用户模型，组织信息内容，有针对性地调整服务内容、服务模式，为用户提供个性化信息服务。个性化信息服务的过程充分体现了以人为本的服务理念。

有别于传统信息服务，个性化信息服务强调针对不同的用户，为用户提供有针对性的服务，以满足用户的不同信息需求。个性化信息服务转变了传统信息服务模式，具有用户导向性，即用户需要什么，个性化信息服务就提供什么，并且根据用户的习惯主动为用户提供潜在的信息服务。

与公共图书馆相比，高校图书馆服务的对象主要是高校师生，服务的目的主要是为本校师生的学习和研究提供帮助，服务对象和服务目的较为明确。高校图书馆应根据学校的学科建设，了解学科发展动态，把握师生的需求动向，为师生提供有针对性的信息服务。

（二）定制性

随着现代信息技术的发展，用户获取信息的方式不再受时间和空间的限制，用户不必亲自到图书馆就能接受信息服务。传统信息服务是标准化的服务，而个性化信息服务为用户的个性化需求提供了表达的机会，使用户能根据自己的需求定制服务类型、服务方式、用户界面、信息资源等内容，创造符合用户兴趣爱好、信息需求和行为习惯的信息环境。

（三）互动性

互动性也是个性化信息服务区别于传统信息服务的特点之一。高校图书馆的个性化信息服务是建立在图书馆馆员与用户的互动基础上的，图书馆馆员与用户进行实时的互动交流，及时更新用户信息需求，反馈用户建议。为实现图书馆馆员与用户的互动交流，高校图书馆要为用户提供快捷友好的服务界面，在保护用户隐私的前提下，为用户提供互动平台，定制个性化信息空间。

（四）主动性

随着互联网的深入发展，信息资源大量涌现。在这样的环境下，用户需要掌握寻找信息资源的方式。用户的信息需求环境由传统的“人找信息”转变为“信息找人”。个性化信息服务改变了传统的被动服务，主动为用户提供所需的信息资源。个性化信息服务分析用户的学习内容、研究方向，并借助现代信息技术及时为用户提供最新的信息资源。

（五）专业性

由于高校图书馆的服务对象主要为本校师生，他们主要利用图书馆的信息资源学习和研究本专业相关的知识，获得专业性的知识理论，及时掌握相关领域的前沿信息，因此高校图书馆为用户提供的信息服务具有专业性。高校图书馆可根据本校的二级学院划分信息资源，为用户提供专业化服务。

三、个性化信息服务的内容

（一）个性化定制服务

个性化定制服务主要包括个性化界面定制服务、个性化信息内容定制服务和个性化信息检索定制服务等。高校图书馆个性化定制服务需要运用相关技术保障用户的隐私和安全。一旦信息泄露，用户就会对图书馆失去信任。

①个性化界面定制服务。用户能根据自己的喜好选择服务界面的风格，既可选择界面提供的模板，也可根据喜好选择个性化模块，如服务界面的背景、颜色、结构以及排版方式等。

②个性化信息内容定制服务。用户能根据信息需求和个人喜好来定制信息内容，既可根据高校图书馆服务系统提供的内容自行选择，还能向图书馆提出相应申请，自行上传信息内容，经审核同意后可实现信息共享。

③个性化信息检索定制服务。用户可根据自己的检索习惯定制检索工具、检索表示方式、个人检索模板、检索结果处理等。

（二）个性化资源管理服务

在知识经济的时代，信息资源是重要的竞争资源。高校图书馆作为信息资源管理中的一员，要结合本校的专业特点对信息资源进行分类、整合，满足本校师生的学习和研究需要。高校图书馆要在保证信息资源丰富的条件下，为用户建立信息资源数据库，提供个性化资源管理服务。用户可根据个人喜好和信息需求来定制个人信息数据库，完全自主地对信息进行归纳、整理。

高校图书馆的个性化信息管理服务可通过自行建立专业学科数据库、特色数据库等进行，还应引进信息资源管理系统，使图书馆的各个信息资源数据库连接起来，实行统一的检索方式。各高校图书馆可建立图书馆联盟，通过信息资源管理技术加强各图书馆之间的资源共享。

（三）个性化信息推送服务

个性化信息推送服务是根据用户的信息需求，利用计算机推送技术与图书馆建立关系，使个性化信息服务系统将用户需要的信息资源和潜在的信息资源推送给用户，提高用户信息检索的效率。

个性化信息推送服务的步骤主要包括：①用户登录高校图书馆的信息系统，选择自己的基本信息，如兴趣、习惯、信息需求等；②信息系统分析并整理用户的基本信息，建立用户的个性化信息模型；③信息系统根据用户的信息需求的关键词，在信息数据库中筛选与用户需求相关的信息；④信息系统根据用户的个性化定制要求对信息进行整理，并将信息主动推送给用户。

（四）个性化互动式服务

网络化环境下，高校图书馆转变传统被动服务方式为主动服务方式，开始以用户为中心，与用户的互动变得越来越重要。当前高校图书馆的互动服务方式主要包括：①实时互动，高校图书馆馆员与用户面对面交流或借助聊天工具进行实时交流，如在线咨询、微信和 QQ 聊天等；②延时互动，用户将需求以邮件、留言等方式与图书馆馆员进行互动，馆员接收到用户的信息需求后将用户所需信息传递给用户；③合作互动，图书馆对用户进行调查，整理和分析用户需求。高校图书馆在与用户的互动过程中了解用户的信息需求，并根据用户的行为习惯等分析出用户的信息模式。个性化互动式服务在服务过程中会进行不断修改，从而满足用户的个性化需求。

（五）个性化信息素养教育服务

高校图书馆作为传播信息的场所，承担着信息素养教育的重任，因此高校图书馆要对用户进行信息素养教育培训。用户的信息素养高，具有信息意识，就能较为快速地获取所需信息。高校图书馆的用户有明显的层次性，不同学生对图书馆的理解和利用程度不同，这就要求高校图书馆还要开展具有针对性的信息素养教育。高校图书馆可采取嵌入式教学，将信息素养教育融入专业教育，可将操作步骤和操作技巧等录制成视频，实现个别学习，还可以小部分培训的方式对用户进行更深入的信息素养教育。

（六）其他服务

除上述实现方式外，用户还可通过个性信息服务系统享受其他个性化服务，如在线预约、新书推荐、文献传递、借阅查询等。高校图书馆建设的“移动图书馆”“我的图书馆”等都体现了个性化信息服务，用户可登录图书馆网站首页，登录个人空间，定制个性化信息。

四、个性化信息服务的技术

（一）数据挖掘技术

数据挖掘技术就是在没有明确假设的前提下，从大量的数据中，挖掘潜在的、有价值的信息。所挖掘的是事前未知的信息，即那些无法依靠直觉甚至违背直觉的信息，挖掘出的信息越出乎意料，就可能越有价值。数据挖掘通过预测未来发展趋势，做出基于信息的决策。数据挖掘的目标就是从信息数据库中提取其中隐含的、有价值的信息。

数据挖掘技术在个性化信息服务中的应用主要是网络日志挖掘。网络日志挖掘主要是通过访问日志文件来提取用户的相关信息。数据挖掘技术利用网络日志获得用户对页面的点击次数、点击的页面、页面停留时间等信息。个性化服务系统通过分析相关信息可以获取用户访问模式、相似用户群体等信息，并利用这些信息创建用户描述文件。

（二）信息过滤技术

信息过滤技术是从大量动态的信息中提取出用户所需要的信息。传统信息检索从静态的数据库中提取信息，而现代信息检索是从动态的信息流中获取信息。信息过滤技术根据用户需求与信息流进行匹配计算，将用户所需要的信息过滤出来传递给用户。与传统信息检索相比，信息过滤技术具有拓展性和较高的自动化程度，能适应大量用户和信息，为用户提供个性化信息服务。

信息过滤技术在个性化信息服务中的应用主要是信息推荐服务。信息过滤技术符合个性化信息服务的思想，可作为数字图书馆信息推荐服务的一种良好的解决方法。信息过滤技术将用户需要的或可能需要的信息，特别是前沿信息，以用户所要求的方式推荐给用户，以便用户能及时掌握最新研究动态。数字图书馆的信息过滤系统就是从信息数据库中筛选出最符合用户需要的信息，并及时传递给用户。

（三）数据推送技术

数据推送技术是指信息服务系统根据一定的技术标准，主动从信息源中获取相关信息，并以一定的方式将信息传递给用户。数据推送技术的本质是一种智能化信息获取和发布技术，它能主动搜集信息，发现用户兴趣，建立用户需求模型，将获取的信息与用户需求进行匹配计算，通过筛选后推送给用户。

高校图书馆可利用信息推送技术，为用户定期提供信息定题服务。高校图书馆在用户定制或收集用户信息行为的基础上，建立用户信息需求模型，主动将用户需求的信息及时推送给用户，这是一种个性化内容定制服务。

（四）智能代理技术

智能代理技术属于人工智能领域，是指具有感知能力、问题解答能力和通讯能力，能自主发挥作用的软件实体。智能代理技术能成为用户获取资源的中介，根据用户的个性化定制，搜集用户所需要的信息，并将信息传递给用户。

当用户在线上搜集信息时，智能代理技术能利用记忆功能和分析功能，根据用户的历史搜索，分析出用户可能感兴趣的信息，并向用户提供相关信息。网络信息庞杂，信息质量良莠不齐，用户难以快速搜集到所需信息。智能代理技术能够根据用户的信息需求，对信息进行过滤，筛选出用户所需要的、准确的信息。当用户定制了信息需求后，智能代理技术能够探测信息的变化和更新，将信息及时提供给用户。

第四节　社会化信息服务

一、社会化信息服务模式的含义

社会化信息服务模式是指在特定社会条件下，满足社会信息用户需求的信息服务方式。社会化信息服务模式反映了信息服务要素之间的相互关系，对要素之间的构成和作用方式进行了描述和概括。高校图书馆社会化信息服务模式不是理论意义上固定的、标准的信息服务模式，而是实践意义上对不同高校图书馆开展社会化信息服务有现实指导意义的、较为固定的信息服务方法。

二、社会化信息服务的原则

（一）需求导向原则

社会化信息服务以用户需求为出发点，目的是满足用户需求，帮助用户解决问题。如果新型服务不能解决用户的信息需求问题，那么其内容再新颖，也毫无价值。社会化信息服务是根据用户的知识结构、思维方式、使用习惯等来为用户提供服务的。

（二）持续性原则

信息服务创新是社会创新系统中的子系统，需要漫长的时间来进行，应坚持可持续发展原则。知识经济时代的到来，现代信息技术的不断发展，使社会信息资源环境发生变化，用户的信息需求不断增长。因此，高校图书馆也要与时俱进，不断更新自身的信息服务。只有可持续的服务创新，才能赢得用户信任，获得良好的社会效益。

（三）协调性原则

与传统图书馆的信息服务相比，现代图书馆的信息服务在服务手段、服务方式、服务内容等方面都发生了变化，系统内的要素都是不可缺少的，因此要坚持协调性原则，兼顾各个方面，协调好各个要素之间的关系，发挥要素的整体优势。协调性原则还体现在，高校图书馆在积极开展社会化信息服务的同时，仍然将师生信息服务的拓展作为重点，使二者协同发展。

（四）效益性原则

高校图书馆的服务创新活动既要考虑社会效益也要考虑经济效益。尤其是高校图书馆进行社会化信息服务尝试后，经济效益也成为重要的评价指标。服务创新的目的在于提高高校图书馆的服务能力，但改进技术、维护资源等都需要一定的经费来维持。但目前高校图书馆的资金有限，因此在服务创新中要考虑资金问题，尽可能地创造高效益。

效益性原则主要包含三层内容：①善于利用信息经济学的原理来衡量服务创新的经济效益，努力提高服务创新创造的效益。②力求社会效益与经济效益的统一，提高服务创新的社会效益。若服务创新不能创造社会效益，即使经济效益再高，也不能利用。③服务创新要降低用户获取信息的时间，让信息发挥经济效益和社会效益。

三、社会化信息服务模式的构成要素

（一）信息用户

信息用户是高校图书馆信息服务的对象。在信息化社会中，人类对信息的需求是多方面的。社会中的每个人无论从事何项工作，属于何种职业，具有什么水平，都存在利用信息的问题。因此，高校图书馆社会化信息服务有一个极为庞大、信息需求差异极大的用户群体。

（二）信息服务者

信息服务者是提供信息服务的组织或个人。社会信息服务作为一个特殊的社会行业，不仅有公益性服务的部分，还具有产业化经营的部分。公益性信息服务包括信息中心、情报所、档案馆、图书馆等；产业化经营服务包括咨询业、广告业、文献信息服务经营实体等。

（三）信息服务内容

社会信息用户的信息需求范围广泛，因此社会信息用户的信息服务内容也十分广泛，并存在层次性差异。为了便于分析，以下从信息内容、信息载体角度对信息服务内容进行分类。

信息内容角度：由于社会是一个复杂的系统，涉及政治、经济、文化、科学、教育等方面，包含农业、工业、服务业、科研、环保等部门。各个行业的相关理论、技能、科学技术、产品等都是信息服务的内容。用户只有掌握各种信息，并将其应用到生产生活实践中，才能做出正确决策。

信息载体角度：①“零”载体的信息服务，指口头传播；②以纸为载体的信息服务，如报刊、图书等；③以现代信息技术为载体的信息服务，如网络服务、光盘信息等。

（四）信息服务策略

信息服务策略是指信息服务者为满足信息用户需求所采用的服务方式，是信息服务者在提供服务时，对各种服务方式的整合与运用。高校图书馆社会化信息服务策略可分为以下几种：①从用户接收信息的主动程度来看，可分为主动服务和被动服务；②从用户与信息服务者的关系程度来看，可分为直接信息服务与间接信息服务；③从信息服务手段来看，可分为传统信息服务与现代信息服务。

（五）信息服务保障

信息服务保障机制包括政策、制度、组织、人员、技术等方面，是运作模式可持续健康发展的重要支柱。

第四章　大数据环境下的信息服务与传统信息服务的差异

随着数据量的增长以及数据类型的激增，出现了一种大规模多样化的数据集，即大数据。数据量庞大、种类众多和增长速度飞快的大数据，对高校图书馆的信息服务影响巨大，同时也有效地推动了高校图书馆的信息服务发展。无论是在信息资源方面，还是在服务方式方面、用户需求方面，抑或是在馆员素质方面，都发生了较大的改变。

第一节　信息资源储存与处理技术的差异

一、资源存储的差异

（一）网络存储模式

依照存储技术的不同，将网络存储模式分为三种，即直接附加存储（DAS）、网络附加存储（NAS）和存储区域网络（SAN）。

1. 直接附加存储

直接附加存储具有一定的局限性，由于本身没有任何存储操作系统的硬件，因此其对于服务器较为依赖。同时，由于直接附加存储的服务器是独立的，因而就造成了利用率较低、存储资源难以共享等问题。另外，当存储的信息达到一定级别时，直接附加存储就会变得复杂，管理成本大大增加，系统扩展也变得困难。一旦服务器出现异常，存储的数据便无法读取。作为一种分散的存储模式，直接附加存储在管理效率、数据安全、系统稳定、可扩展性等方面都存在一定的不足。尤其是在大数据的环境下，一方面数据的体量越来越大，另一方面也要求实现数据的共享。因此，直接附加存储已经无法适应大数据环境下高校图书馆的存储与管理需求了。

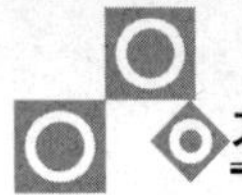

2. 网络附加存储

网络附加存储一般由存储硬件、操作系统和文件系统等几个部分组成，它采用以数据为中心的网络存储模式。网络附加存储设备通过 TCP/IP 协议连接到现有网络，并为其提供数据和文件服务。网络附加存储设备可以连接到以太网的不同位置，为 IAI 或 WAN 上的客户机和服务器提供文件服务及数据存储。由于网络附加存储具有即插即用的网络集成、独立的优化存储操作系统，并且操作较简单，可扩展性良好、可访问性优良，使得它可以通过已有的以太网设备，减少资金的投入。因此，网络附加存储在高校图书馆有较好的应用前景。但是，网络附加存储也有它的局限性。由于网络附加存储不是专门针对存储应用而设计的专用网络，导致该系统存在传输速率慢且系统不稳定、备份与恢复数据困难等缺点。除此之外，该系统也无法支持数据库服务，且体系构架较为简单。在开放的网络环境下，一旦文件服务器发生单点故障，那么，就会对服务系统造成较大的影响。

3. 存储区域网络

常见的存储区域网络（SAN）技术主要包括以下两种。

（1）FC-SAN

FC-SAN 是基于光纤通道技术的存贮区域网。它是一个由存储设备和系统部件构成的网络。所有的通信都在一个与应用网络隔离的单独网络上完成，可以用来集中和共享存储资源。FC-SAN 不仅提供了对数据设备的高性能连接和高性能的数据备份速度，还增加了对存储系统的冗余连接，提供了对高效能的群集系统的支持。简单地说，FC-SAN 是关联存储设备和服务器的网络，与以太网有类似的结构。以太网由服务器、以太网卡、以太网集线器 / 交换机及工作站组成。FC-SAN 则由服务器、HBA 卡、集线器交换机和存储装置组成。而对迅速增长的数据存储需求，SAV 网络具有出色的扩展性，理论上最多可以连接 1600 万个设备。事实上，FC-SAN 比传统的存储架构具有更多的优势。传统的服务器连接存储器通常难于更新、难于集中管理，每台服务器必须关闭才能增加和配置新的存储。相比较而言，FC-SAN 不必宕机或中断与服务器的连接即可增加存储。FC-SAN 还可以集中管理，从而降低总体成本。FC-SAN 通过支持在存储与服务器之间传输海量数据块，从而提供了快速数据备份的有效方式。因此，可以节约传统上用于数据备份的网络带宽费用，并将之用于其他应用。FC-SAN 克服了传统上与 SCSI 相连的线缆限制，极大地拓展了服务器和存储设备之间的距离，从而增加了更多连接的可能。

（2）IP-SAN

IP-SAN是基于IP技术的存储区域网络。IPSAI采用ISCSI协议，支持块I/O级别（Block I/O）。同时支持NFS、CIFS协议NAS访问。ISCSI（Internet SCSI互联网小型计算机系统接口）是一种在Internet协议网络上，特别是以太网上进行数据块传输的标准。ISCSI是一种供硬件设备使用，可以在IP协议上运行的SCSI指令集。它无须采用专用的光纤通道网络，因而使用户能够在连接其服务器和计算机系统相同IP网络上部署存贮区域网络（IP-SAN）。在IP-SAN中，千兆以太网交换机代替了价格昂贵且只有FC-SAN专用的光纤交换机，客户端的ISCSI卡或Initiator代替了价格较高的主机HBA卡，具有ISCSI接口的高性价比的存储设备代替了光纤磁盘阵列。

（二）资源存储系统模式设计方案

1.图书馆现有存储设备的分析

高校图书馆数字资源的组成通常分为两部分，一部分是高校图书馆自建的数字资源，如本馆的馆藏书目数据库、教学视频数据库等；另一部分是外购的数字资源，如超星数字图书、中国期刊全文数据库等。在数字资源的存储上，高校图书馆通常采用DAS数据存储架构模式，但是随着数字资源数量的不断增长，该系统的存储容量已显不足，因此，有必要对其进行升级换代。

在大数据时代下，高校图书馆新的存储系统的设计，应达到以下几个方面的要求。

①存储技术先进。可采用双控制器、环路架构，建立交换式架构的存储系统。

②存储可靠性强。通过应用交换式的连接，能够使存储系统的扩展变得容易，可根据需求对控制器的数量进行增加。

③存储容量扩展性强。在对存储容量进行扩展时，不应影响其性能。

④数据高度集中管理。能够快速Free LAN备份的高性能平台。

同时，在对存储系统进行更新换代的同时，还应考虑到高校图书馆现有的网络设备，尽量做到对现有设备的充分利用。

2.网络存储系统架构模式的设计

图书馆分散存储这种状态，存在着存储可扩展性差、管理效率低、数据安全性不强、系统稳定性难以保障等问题，考虑到增量资源的潜在存储需求，图书馆需要建立一个具有超大容量、良好扩展性的集中存储架构，即SAN架构。依据SAN架构两种实现模式，由FC-SAN转换IP SAN的成本费用较大，一般要几十万元，加之图书馆一般数据存储比较集中，所以兼容两种 SAN 模式不符合图书馆的实际需求。从降低资金投入长远利益来看，设计方案应采用以 Fibre channel 搭建的 FC-SAN。

整个网络系统以 RG-S2724G 千兆网管交换机为核心设备和软件平台，连接和管理网络系统与各层交换机。为保证图书馆网络的安全、快速运行，我们在网络上安装了两台核心 RG-S2724G 交换机，一台是对校园网络的另外一台是针对图书馆自身局域网络，在校园网络中断的情况下，图书馆所有的服务器都能对到读者提供服务。

二、资源处理技术的差异

（一）虚拟化技术

虚拟化技术是一种资源解决方案，该方案通过对软硬件资源、数据资源进行有效的调度和配置，将应用系统的各种资源和配置信息与物理实体分离，扩大硬件容量；打破了各种物理设备之间的屏障，实现了对物理资源和虚拟资源的动态调度和集中管理。

在云计算环境下，所有虚拟化解决方案都是集服务器、存储系统、网络设备、软件及服务于一体的系统集成方案。所以，云计算从本质上讲是一种虚拟化服务，虚拟化技术是实现云计算资源池化和按需服务的基础。

（二）分布式存储技术

为了保证大规模系统在“云”中的有效运行，“云”需要大量的服务器和存储设备来进行后台支撑；要保证大规模并发数据的可用性和有效性，同样需要借助于云计算的分布式存储理念，采用分布式存储的方式来存储数据。分布式数据存储技术包含分布式文件存储、分布式对象存储和分布式数据库技术。

下面分别阐述这三种技术。

1. 分布式文件存储

分布式文件存储即存储的文件资源不直接与本地节点连接，而是通过网络实现计算机与存储节点连接的一种文件存储系统。这一存储系统的目的就是对海量的数据进行存储和管理。谷歌的 GFS（Google File System）就是一种典型的分布式文件存储系统，其能够将文件资源存储在个人计算机上，同时还具有容错率较高的特点。

2. 分布式对象存储

分布式对象存储是面向对象的扩展和深化，该技术将数据作为对象存储于系统之中，数据存储于系统中即获得唯一的身份标识。用户只需依据身份标志，即可对存储于系统内的对象数据进行访问和获取。分布式对象存储较有代表性的是亚马孙的简单存储服务。

3. 分布式数据库技术

分布式数据库将分布在不同地域或者节点的数据库在逻辑上集成起来，通过一个统一的分布式数据库管理系统来进行管理。

（三）数据管理技术

为了保证用户服务的效率和质量，云计算必须具有强大的数据处理和分析调度能力，这对云计算系统的数据管理能力就提出了很高的要求。云计算数据管理技术需要解决的另一个难题是如何从海量数据中挖掘和解析出匹配用户需求的数据。云计算中数据通常以列为单位存储在数据库中，这种存储模式可以有效保证对海量数据进行存储和处理。

（四）云计算平台管理技术和编程模型

网络环境中服务器设备是分布在不同地域的，为了提高服务器的运行效率，获得强大的计算能力，可以使用云平台管理技术将大量分布式的服务器资源集成起来协同工作。这样可以在云平台上快速地部署服务和业务，快速实现灾难恢复和并发处理，提升大规模并发资源和系统的运行质量及效率。云计算平台可以采用 B/S 架构，采取 MVC 的设计模式，提高系统架构的灵活性和可扩展性。采用清晰的分层处理结构，可使系统各功能模块之间相对独立，有效提高系统的稳定性和可靠性。

用户在使用信息服务时，大多偏向自动匹配个性和兴趣爱好的服务方式。在云环境中，要满足用户的这一需求，使用户能够像使用水电一样获取云计算资源和服务。云计算的编程模型必须是透明的，这样用户无须了解复杂的任务执行过程就可以获得服务请求结果。云计算采用 MapReduce 编程模式，该编程模型将任务自动映射和化简成多个子任务，再将这些子任务分配到不同的计算节点并行执行，最终将执行结果汇总后输出给用户。

第二节　信息服务方式上的差异

一、传统图书馆的信息服务方式

由于技术上的限制，传统图书馆的信息服务以在馆阅读和借阅为主要方式。这种传统的服务方式，存在着一定的局限和约束。一方面，虽然图书馆的馆藏资源是较为丰富的，但是对于读者来说，无论是阅读还是借阅，其数量都是极为有限的。另一方面，传统图书馆在开放的过程中，会接待大量的用户，但是图书馆的人力资源是有限的，面对大量的用户，馆员的服务很难兼顾大多数用户的需求，因此服务质量通常也不高，更不要说为用户提供一对一的服务了。这些问题的存在，使得传统图书馆的信息资源与用户之间存在着一定的差距，难以实现用户对馆藏资源随时随地的访问。在今天，传统图书馆的信息服务方式已显得较为落后。

二、大数据时代图书馆的信息服务方式

在大数据时代下，高校图书馆实现了信息服务的网络化，用户只需要通过互联网，即可对图书馆进行访问，并获取图书馆的所有资源。这样一来，用户就能够根据自己的需求，随时随地地对高校图书馆进行访问。同时，用户访问的便捷，也提高了高校图书馆对信息资源的利用率。特别是在大数据环境下，对于高校图书馆来说，在信息服务方面，必须更加重视以用户需求为核心。大数据环境下的用户，对于信息服务的需求，越来越要求即时性与个性化。对于高校图书馆来说，要满足用户的信息需求，必须以大数据技术为基础，只有通过大数据的分析和处理，才能够高效地在数据海洋中挖掘出有价值的信息，并提供给客户。因此，与传统高校图书馆相比，大数据时代下图书馆在信息服务上要求更加智能化。

三、服务方式间的差异

（一）一站式资源服务

在大数据时代下，网络信息资源的数量越来越大，且结构也变得越来越复杂，这也增加了信息资源获取与整理的难度。虽然，从理论上来说，高校图书馆是能够实现对信息资源的完整收集的，但是实际上，对于高校图书馆来说，无论是对于现有馆藏资源，还是虚拟资源，都无法实现完整的数据收集。

高校图书馆的现有馆藏资源既包括各类印刷文献，也包括各类电子书刊和数据库文献。而虚拟馆藏又包括网络数据库、网络动态信息以及各种在线出版物或资料等。可以说，图书馆的这些馆藏资源的数据不仅形态各异，且来源也有不同。因此，要想实现对这些数据的整合，就必须依靠大数据技术。

具体来说，要实现对上述结构复杂的数据整理，所依靠的就是一站式资源技术。高校图书馆通过改变传统的信息存储方式，从而实现图书馆信息资源与服务由封闭向开放的转变。一站式资源服务就是要利用大数据技术，将高校图书馆的馆藏资源整合到一起，对其进行整理，剔除其中重复的、不可用的数据，使所有留存的数据对用户都是有价值的。整理完成后，再将其分别存储于不同的数据库或虚拟空间中。通过分类的存储，高校图书馆能够为用户提供更为智能的检索服务，提高用户信息检索的效率。

（二）学科知识服务

图书馆所提供的学科知识服务即针对用户的信息需求，对用户所需学科的相关信息进行收集、加工、分析等工作，以满足用户的需求。对于图书馆的学科服务来说，学科馆员是其重要的基础。尤其是对于高校图书馆来说，高校的师生是其主要的服务对象；而对于高校师生群体来说，科研是其重要的工作。因此，其对于学科知识服务也有着较大的需求。高校师生对于学科知识服务也有着较高层次和较强专业性的要求。对于高校图书馆来说，不仅要做到为用户提供准确的、有价值的学科知识信息，同时，还要做到学科知识信息提供的快速和高效，以便为用户节省时间，这也是学科知识服务高质量的体现。

在现代社会下，科学技术飞速发展，相应地各学科在发展的过程中，也产生了大量的学科数据。对于高校图书馆的学科知识服务来说，只有对这些海量的学科数据进行系统的整理和分析，才能够为用户提供有效的学科知识服务。对于高校图书馆来说，要提高学科知识服务的水平，还需要对不同学科用户的信息检索和下载记录等进行追踪和分析，确定用户的兴趣方向，利用大数据技术对相关的学科热点和交叉学科进行深入的挖掘，并将其中有价值的信息主动推送给用户。可以说，在大数据环境下，高校图书馆只有构建好综合性的学科知识系统，才能够更好地为用户服务。

（三）信息可视化服务

在网络环境的影响下，人们获取和提供信息的方式发生了巨大的变化。对于现代的图书馆用户和信息服务来说，其也越来越要求能够将信息反馈的结果可视化。对于用户的这一需求，高校图书馆必须加强相关研究与技术应用，使用户的需要得到满足。通过对大数据的分析可知，价值密度低是大数据的一个重要特点。因此，对于高校图书馆来说，对大数据进行分析的目的就在于从大量的价值密度低的数据中，挖掘出有价值的信息，并针对用户的需求，对大数据的分析结果进行可视化的呈现。可视化的处理不仅不会造成信息资源的浪费，还能够将挖掘出的隐藏信息更好地表现出来。通过对可视化结果的查看，用户也能够对其做出快速的评价和反馈，以便高校图书馆对服务做出及时的调整，不断提高信息服务的水平。

所谓的信息可视化服务，就是通过技术处理将抽象的数据转变为能够直接观看的服务。常用的信息可视化技术标签有云、空间信息和历史流。对于高校图书馆的信息服务来说，对信息进行可视化处理的目的主要是便于数据的分析和挖掘，以便于做出决策、提供服务。可以说，信息可视化服务对于提高高校图书馆信息服务的质量起到了积极的作用，这一服务也代表了高校图书馆信息服务未来的发展趋势。

（四）智慧服务

在大数据技术中，最常用到的就是数据挖掘技术。所谓的数据挖掘技术，就是要从大量的、类型各异的数据中，挖掘出有价值的数据，将数据中隐藏的知识信息显现出来。对于高校图书馆的信息服务来说，对大数据的挖掘，主要是对用户相关信息进行挖掘和分析，包括对用户个人信息、信息行为以及信息轨迹的分析。对这些数据进行挖掘的目的就是要对用户的信息需求进行预测，从而为用户提供主动的个性化推送服务。由于网络的便捷，人们获取资源也越来越简单、方便。因此，人们对于信息服务的需要在智能化程度上也提出了更高的要求。高校图书馆在信息服务上，也必须要不断满足用户的需求，为用户提供更高质量的个性化信息服务。

对知识服务进行升级和创新，产生了高校图书馆的智慧服务。高校图书馆要为用户提供智慧服务，就必须依靠大数据技术。既要对图书馆资源以及其他来源的数据进行广泛的分析，也要对用户的相关数据进行分析。用户在访问图书馆或获取信息服务时，会留下检索、浏览等各类数据，对这类数据进行挖掘和分析，就能够掌握用户的兴趣点与潜在需求，并能够依据数据分析的结果，对用户定制个性化的智慧服务。

在大数据技术的支持下，高校图书馆的支付服务已经成为现实，通过智慧服务的提供，不仅能够提高用户的满意度，同时在数据分析与挖掘的过程中，也能够使高校图书馆自身的信息制度得到完善。对于高校图书馆来说，必须将智慧服务作为未来信息服务的核心。

第三节　用户需求上的差异

一、用户需求集成化

图书馆的用户可以分为五个部分：本科生、研究生、教师、科研人员和其他工作人员。其中，大多数研究生和科研人员对信息的需求并不仅限于对图书的借用和查询层面，他们将关注点更多地放在有关专业和学科领域的知识层面，他们希望图书馆能够整合学科资源，将所有资源优化、整合到同一个界面中，使他们可以更为直观、快速地掌握最新的学科动态。这样可以极大地提高图书馆自身的服务水平，同时，这也是现代用户同传统用户在对图书馆需求方面的差异。

二、用户需求知识化

社会的进步和网络信息技术的发展，导致传统图书馆的那种单纯为用户提供文献资源的模式已经无法满足新时代环境下用户的需求。用户的需求已经向多方面发展，所以，基于内部知识共享机制的信息服务需求应运而生。图书馆通过网络化信息和分类导航模式向用户提供信息，以满足用户需求的知识化，这种服务也成为图书馆一项特色服务。

三、用户需求自助化

（一）信息服务实时化

用户对信息的需求是任意的，并不受时间和空间的限制。可是，图书馆作为一个固定在某一地点的信息服务组织，却与用户在时间和空间上存在着一定的距离。这种状况就造成了用户与图书馆之间存在着地域差，以及时间差，使得图书馆无法及时地为用户提供信息服务，进而造成用户放弃图书馆，转向其他相关服务机构的后果。这种后果，无论是对图书馆，还是对用户，都造成了影响。

第一，对用户而言，用户对图书馆这种专业信息服务提供商有依赖性和必要性，他们的某些信息需求只能由图书馆这种专业服务提供商提供。

第二，对于图书馆而言，假如用户由于时间差异和地域差异，而求助于其他信息服务机构，将减少图书馆的用户数量和流量，造成图书馆在人力资源、物力资源方面的浪费和流失，将不利于图书馆的长期发展。

现代云计算中的无限宽带、实时通信可以实现图书馆与用户的快速通信和反馈，为用户提供实时的信息服务，满足他们的需求。这改变了传统图书馆在个性化信息服务实时内容方面的不足。

随着信息技术的发展，计算机等各种终端设备正在迅速更新换代，这就使得计算机等终端设备具有多样性和普遍性。特别是处于大数据时代和云计算时代的背景下，用户可以选择广泛流行且具有多样性和普遍性的计算机等各种终端设备来获取信息，这从根本上解决了信息来源以及传输渠道的问题。

云计算不仅对图书馆本身有影响，而且对图书馆的工作人员（即图书馆馆员）也有影响。它们要求图书馆的工作人员需具有较高的知识素养，熟练掌握和使用计算机的技术，以及快速响应和分析用户信息需求的能力，能够以图书馆工作人员提供服务的方式拉近用户与图书馆间的距离。目前，个性化信息服务在数字图书馆的成功应用案例是：Web2.0 阶段开发的 My library 系统。该系统有效地缩短了用户与信息服务机构之间在时间和空间方面的距离，使用户能够实时地获取所需信息，并能与图书馆或其工作人员进行在线互动。在大数据、云计算背景下，网络信息在传输和交互方面具有较强的开发性，这种特性为图书馆提供个性化的信息服务奠定了基础。同时，也大大缩短了用户与信息服务提供商之间的距离，提高了用户需求分析、需求匹配的准确度。

（二）信息服务方式多样化

传统的数字图书馆以单一的方式提供信息服务，通常只提供简单的查询、压缩和显示服务。在云计算之前的其他信息技术阶段，数字图书馆的基础设施和信息服务水平发展缓慢，改革效果不明显，难以跟上用户信息需求的变化速度和信息效率的提高。信息服务与信息服务的内容呈反比增长。相关研究表明，个性化信息服务内容、服务模式和服务体系发展滞后，这严重制约了数字图书馆信息服务模式和服务内容的多元化发展。

在大数据、云计算的网络环境下，各种信息接入设备广泛渗透并时常出现在人们的实际生活中。人们可以选择各种终端设备来获取信息，例如，台式电脑、笔记本电脑和智能手机等。鉴于信息接入终端设备的多样性，数字图书馆在提供个性化信息服务时，应选择信息服务的方式、设备、内容和接口，使用户获得高满意度、高清晰度的个性化信息内容。采用任意接入终端，具有较强的针对性，其提供的信息内容也较为个性化。

云计算环境中的个性化信息服务是通过服务手段和服务形式的个性化实

现的。在个性化服务方面，图书馆可以考虑多种接入方式，如光纤接入、卫星通信等。在个性化服务方面，可以是固定的或移动的、语音的或视听的。也就是说，正是云计算的开源特性，为图书馆的个性化信息服务提供了多种方法和方式选择，使图书馆提高了个性化信息服务的能力和质量，改变了用户的与图书馆之间的主动性和被动性关系，使用户更加依赖图书馆，并参与到图书馆的建设当中，与图书馆的发展和建设融为一体。

大数据、云计算的发展不仅使图书馆能够提供多样化的个性化信息服务，而且为图书馆的未来发展提供了机遇和宽广的发展空间。信息接入终端设备的扩展，可以为用户更快地接入信息服务开辟道路，这种方式不仅快捷、方便，而且成本低。这些改进和影响，不仅从各个方面丰富了个性化信息的服务模式和内容，也使图书馆更好地融入整个社会实体中，更好地为用户提供服务。

（三）信息服务内容精准化

用户需要的个性化信息服务内容，主要是为了满足用户的求异心理。也就是说，用户期望得到的信息是不同的。所以，数字图书馆应以用户的心理为导向，坚持“用户第一”的服务原则，提供有针对性的、准确度高的且高度匹配的信息服务内容。至于如何才能提供有针对性和准确性的服务内容，是一个值得思考、研究和探讨的问题。想要提高信息服务内容的针对性和准确性，不仅要提供高质量的服务内容，而且要将服务内容准确地匹配用户的信息需求。

海量数据信息的挖掘与处理是大数据、云计算的重要特征之一。在大数据、云计算的背景下，想要在提供个性化信息服务的过程中提高信息服务质量，必须从根本上解决信息服务提供中资源部门之间的匹配问题。而有效解决这一问题的关键则是对用户需求的智能分析和反馈。用户的智能分析主要包括用户兴趣的收集、对收集的用户信息的分离和分离后信息的综合。用户信息采集的内容包括用户的身份、背景、使用习惯、职业等与查询有关的用户属性信息。用户需求分析是指对用户需求行为和需求动机的分析，主要包括用户需求信息内容的学科属性、专业深度、相似概念的筛选和当前查询信息内容的逻辑匹配度等。由此可见，在大数据、云计算环境的影响下，数字图书馆的个性化信息服务需要这样一种机制：收集用户个性化信息和服务需求，通过 MapReduce 机制挖掘和分析信息，最终形成智能化的解决方案，完成信息的反馈和输出传递。

第四节　馆员素质差异

一、传统图书馆馆员素质

传统图书馆馆员存在着年龄老化、知识陈旧、服务意识不足和责任感不强的问题，因此，传统图书馆馆员的素质有待提高。

（一）年龄老化和知识陈旧

许多的基层图书馆，普遍存在着图书馆馆员年龄老化，以及馆员知识跟不上时代需求的问题。对于年龄较大的馆员而言，他们所学的知识相对比较陈旧，接受的都是很早以前图书馆管理的相关知识，严重缺乏现代管理基础知识和现代信息处理技术等。大部分年龄较大的图书馆馆员，在使用计算机整理信息资源时都处于茫然的境地，对外语的掌握情况也令人担忧，很难适应新时代图书馆的发展，也很难满足新时代的需求。同时，由于老龄化的问题，图书馆馆员的思想都较为传统和固执，缺乏创新意识。当遇到新的问题时，他们仍旧墨守成规，用传统思维解决新问题，使问题得不到有效解决，从而阻碍图书馆的发展。

图书馆想要健康、稳定和有序地发展，并为读者提供优质服务，就必须不断引进人才，培养馆员，更新馆员知识，以适应当前图书馆的发展。

（二）服务意识不足

在当下这种如火如荼发展的市场经济背景下，人们越来越重视对经济效益的追求。然而，很多图书馆馆员的薪酬并不高，并且琐碎事务繁多、工作量越来越大，这就导致很多馆员在某种程度上心理失衡，从而间接地降低了工作质量。图书馆馆员，在工作方面做不到尽职尽责，就更谈不上服务意识的提升了。

除此之外，由于网络时代的到来和信息技术的发展，一般的借还服务已经无法满足读者的需求，他们需要得到更深层次的信息资源服务。然而，目前许多图书馆馆员并不了解这些实际情况，而这些高层次的服务意识更是无从谈起。在当今的时代，那些只要做好本职工作，无须主动提供更好服务的意识，必将淘汰。

（三）责任感不强

责任感是做好任何一项工作都必须具备的品质。因此，图书馆馆员必须具有强烈的责任感，责任感是图书馆馆员做好图书馆工作的基本条件之一。

然而，传统图书馆馆员一直处于借阅和归还图书的基本工作状态，随着时间的推移，他们已经养成了一种为被动服务的习惯和意识，这就导致他们对自己的本职工作缺乏一种强烈的责任感。

二、提升图书馆馆员素质的原因

（一）图书馆馆员的地位

图书馆馆员是图书馆事业的主体，也是图书馆发展的关键因素。无论图书馆的硬件设施如何先进，如果没有较高素质的馆员，那么就无法使图书馆的服务得到提高，也就无法使图书馆的功能得到全面的实现。

（二）图书馆服务和发展水平

图书馆馆员素质的高低直接决定图书馆服务水平以及发展水平。因此，要想使图书馆跟上时代发展的步伐、为读者提供更好的服务、提供更加丰富多彩的信息资源、将图书馆应有的作用发挥得淋漓尽致，那么，必须对图书馆馆员提出更高的要求，不断提升他们的综合素质水平，以应对时代的发展和对图书馆的要求。

（三）时代的发展

随着社会对信息需求的不断增长，以及信息技术的快速发展，图书馆馆员服务工作已经从传统的文献提供服务向知识重组和信息导航的知识、技术等服务发展；从只是简单的书籍、文献信息服务向社会、文化、教育和娱乐等方面的服务发展。图书馆的服务功能和服务性质随着社会的需求、读者的需求，一直在不断地完善和发展。处于大数据环境下，挑战与机遇是并存的，归根结底，丰富多样的文献资源和优质的服务才是图书馆生存和发展的基本条件。何谓图书馆真正意义上的服务？所谓服务，不应该仅仅是在书籍、文献资源和期刊目录等方面满足读者，还应该将知识服务提到图书馆服务的首要位置。面对现如今文献资源信息种类复杂繁多的情况，在行动上如何提供给读者更优质的服务是非常值得重视的一个问题。

（四）图书馆的发展

由于时代的变迁，图书馆馆员的使命、宗旨、工作流程、组织结构和素质要求等都需要我们重新定位。为了提高图书馆的信息服务水平，图书馆应该充分利用所处的这个网络信息时代的优势。现如今，新世纪图书馆馆员的社会角色定位是知识创新环节的先行者。

三、对图书馆馆员素质的新要求

（一）良好的思想道德素质和心理素质

一名合格的图书馆馆员应该秉承“读者第一，服务于人，对事认真”的服务理念。在图书馆馆员的工作中，要以文明服务、友情服务和微笑服务等优质服务为主体，树立“一切为读者服务，读者满意至上”的服务意识，使读者拥有满意的体验度。当然，拥有“五讲（讲文明、讲礼貌、讲道德、讲卫生、讲秩序）”“四美（心灵美、行为美、语言美、环境美）”“三心（责任心、自信心、事业心）”“两观（人生观、价值观）”的美德也是每一位馆员良好思想道德水平和良好素质水平的体现。身处当今竞争日益激烈的社会环境中，现代图书馆的馆员在一定程度上承担了繁重复杂、为他人作嫁衣裳的服务性工作。所以说，图书馆馆员必须拥有良好的思想道德素质，特别是强烈的服务意识、竞争意识。除此以外，还要拥有良好的心理素质，包括健康的情感素质、抗压力、环境或角色适应能力和挫折容忍度等。只有具备了这些良好的素质，图书馆馆员才能以最佳的心态和热情投入到工作中，为广大读者用户提供更好、更优质的服务。

（二）合理的文化知识结构和创新意识

现代图书馆具有网络信息数字化和自动化的特点。可是，图书馆的服务工作又是以具有学术性、创新性和探索性的智力劳动为主。所以，现代图书馆的服务工作性质就决定了图书馆馆员需具有更为全面的文化专业知识和文化知识结构，以及更高水平的综合服务能力。图书馆对馆员工作的基本要求是需具较为全面的文化专业知识和文化素养。但是，如今是网络信息技术飞速发展的时代，知识的海洋必然是浩瀚无边的，要求图书馆馆员掌握全面的文化知识显然是一件不可能的事情。因此，经研究讨论，开辟了“一条可行的道路”，即要求图书馆馆员专供于某一学科或某一领域。图书馆馆员只有较为全面地了解和掌握了某一学科或某一领域的文化知识和历史发展概况，才能更好地工作，更好地为读者服务。

（三）较强的信息处理能力

如今，我们面临着一个毋庸置疑的事实：我们正处在知识爆炸和信息泛滥的网络时代，信息种类繁多，且分布错综、龙鱼混杂。这要求图书馆馆员必须具有较强的信息处理能力。信息处理的能力主要包括以下几点：

①对信息的搜集能力、识别分辨能力和分析能力。

②对信息的归类能力和处理能力。

③对信息的整合能力和发表能力。

通过图书馆馆员对信息的处理，使得信息去芜存菁，能够被读者所使用。同时，经过处理的信息也转变为了具有科学性的新知识，能够充分发挥其应有的作用。

（四）计算机网络应用能力

在现代图书馆的各种工作中，与计算机网络信息有关的知识和技术可以说是无处不在的。到目前为止，图书馆的采编、馆藏、书籍借阅和归还等工作都实现了智能化，即由计算机取代了人，实现了无人化管理。随着数字化图书馆、特色数据库、网络信息共享和网络导航的建立，以及网络在线咨询服务的实施，更加突出了计算机网络的重要性。因此，图书馆馆员对计算机网络应用能力和知识的掌握已经成为他们工作所必备的基本能力之一。

（五）较高的外语水平

随着国际交流与合作的日益频繁，以及信息网络环境下跨国数据系统的建立，还有对国外期刊利用率的不断提高，使得对图书馆馆员的要求又有了进一步的提高，即要求现代图书馆馆员必须精通一种或两种以上的外语。这也是图书馆馆员在处理互联网信息时需具备的基本能力之一。

四、提高图书馆馆员素质的途径

（一）加强馆员的文化教育培训

文化素质是其他素质提高的基础。图书馆学本身就是一门综合性的学科，而我们所处的时代又是一个多元化的时代，因此，图书馆馆员需要承担的工作比较复杂，角色比较多。图书馆中的电子出版物、网络出版物逐渐多了起来，这就要求图书馆馆员要更加博学，除了掌握一些基础知识，如图书馆学、目录学、情报学和文献学等，也要掌握一些与之相关的其他知识，以提高服务质量。因此，在职的图书馆馆员在做好本职工作的前提下，要不断学习文化知识，以扩大自身的知识量，为工作提供知识来源。

函授教育也成为图书馆馆员提高素质的一个重要渠道。通过函授教育，他们可以弥补自身理论知识的不足，实现知识的更新和自我的进一步完善。在当今先进的科学技术条件下，图书馆员如果不与时俱进，不跟随社会发展的脚步去提升，将很难适应现代图书馆的发展，甚至面临被淘汰的结果。所以，继续教育成为图书馆馆员提升自身专业素质的一种较好的途径。图书馆馆员在不耽误工作的情况下，接受继续教育，通过继续教育来不断提高自己的专业素质，进一步提高自身服务水平和工作能力。

（二）加强馆员专业技能和网络技术培训

学校定期派送一部分人员进行短期阶段性的业务学习，并通过相关考试获取资格证书。图书馆馆员是需要面向大众服务的，因此，树立良好形象是提高服务质量的前提。图书馆馆员需要使用文明礼貌用语，表情需大方得体，动作要轻柔文雅，服务要周到，业务要熟练。

提高图书馆馆员的专业素质也是图书馆的当务之急。在提高图书馆员专业素质方面，加强培训是一种效果较好的方法。培训可以是针对某一方面进行的系统培训，如计算机应用培训、电子检索培训、英语培训等。还可以进行责任感和职业道德讲座，以提高图书馆馆员的责任感和服务意识。同时，还可以参观一些运行状况较好和颇具参观意义的图书馆，以吸取一些经验。

（三）加强馆员间交流和举办专题讲座

参加全国各高校举办的研讨会，通过发表论文、业务考察、记录工作经验等，可以激发图书馆馆员的思维能力，这将有助于提高图书馆馆员的创新能力和科研能力。只有对图书馆馆员的岗位补缺、知识更新、技能扩展等方面进行有目的、有计划、有层次的安排，才能保证每个图书馆馆员都能享受到教育，并且满足他们对知识和技能的需求，进而提高他们的工作热情。

综上所述，图书馆馆员在图书馆的生存和发展中占有重要地位，发挥着重要的作用，是图书馆发展的重要因素和内在动力。所以，应该对图书馆馆员予以高度重视，提高他们的综合素质。只有如此，才能提高图书馆的整体形象；才能不断拓宽图书馆服务的深度和广度，提高图书馆服务的质量和效率；才能满足读者的需求，营造良好的阅读氛围；才能使图书馆适应社会的发展。

第五章　大数据环境下高校图书馆信息服务转型中的问题与对策

近年来，大数据成了国家重要的战略资源。大数据理论的快速发展与应用也影响着人们的生活方式。大数据使高校图书馆拓宽了服务领域，改变了高校图书馆的管理和信息服务，高校图书馆在转型中也产生了许多问题，针对这些问题提出了许多对策。

第一节　大数据环境下高校图书馆信息服务转型中的问题

一、数据结构、存储、处理等问题

随着信息技术的不断发展，大数据也日渐成熟，但是大数据在我国出现的时间不长，所以还存在很多不足的地方。在中国知网的期刊全文数据库中检索“大数据 + 图书馆”，会出现 2000 余篇相关论文。但是从时间可以看出，在 2012 年之前所有的相关研究大多只是停留在定义解释和特点介绍方面，与应用实践相关的内容少之又少。这也说明了在 2012 年之前，我国对大数据方面的研究还并没有重视起来。2013 年开始，我国相关研究则呈现较快增长的趋势。这也从侧面反映出了我国图书馆界对于大数据时代信息服务研究的发展变化。

根据相关调查人员研究发现，全球数据以两年为一个周期成倍增长，其中，网页、图片、音视频等数据占 90% 以上，这些新数据逐渐成为传统图书馆 IT 架构与数据处理、储存、获取的新挑战。相关研究人员表明，人类拥有的数据总量将在 2020 年达到 35 万亿 GB。

图书馆信息服务中的数据分析、数据处理和数据挖掘等大数据技术的实现也需要大量的大数据资源的支持，而这些数据不仅数量巨大且来源多样，越来越多地分散在不同的管理系统中。

大数据还是会存在一些漏洞的，例如，有时候会出现错误的数据，甚至包含不完整信息等，这些问题被称为“数据的不完备性”。大数据是图书馆信息服务的保障，所以在处理大数据的时候，要将不完备的数据进行重组再加工，要保证数据的完备性，这样才能够给图书馆提供精准的数据。

二、经费、基础设施成本问题

截至2018年，我国共有普通高校2663所，地方高校数远远超过了教育部、国家部委直属高校数，教育部直属高校数占普通高校总数不到4%，国家部委直属高校仅占2%。地方高校办学经费普遍紧张，几乎得不到中央财政的教育经费，而地方省级、地市级财政用于高教的经费主要考虑区域内重点建设学校或学科。

国内高校图书馆作为公益性文化事业的一部分，支持其稳定、健康发展的经费主要来源于学校或政府的财政拨款。各级政府重视程度不一，导致高校图书馆建设的经费不稳定。尽管财政拨款在不断增加，但与书刊出版的品种、数量、书刊价格的涨幅、读者数量的增幅不相适应。

大数据时代，高校图书馆建设是一项投资巨大的工程，从软硬件的升级、馆藏的数字化、数据库的更新与购置、网上资源的开发、人员的引进和培训以及其他设备的购置等均需资金的支持，也意味着其代价的不菲，具体表现在以下几方面。

①大量非结构化的办公文档、图片和音频、视频、XML、HTML、各类报表等数据，要经过移动和修改、数据清理、数据整合、重复数据删除等才能把有效的高价值的数据留下来，再精准应用，此过程将耗费大量的人力、物力、财力。

②在大数据时代，随着数据存储量的爆炸性增长，更多的网络设备将同时访问数据中心。传统数据中心难以适应快速变化，面临巨大压力。现有基础设施无法满足海量信息分析和处理的需求，传统架构更是不堪重负，需要进行调整，甚至重构，需引进先进的软件平台或算法。

③要从海量数据中得出有用结论，专业的数据分析是关键。需要由相关领域的专业人士与信息技术专家、图表专业的人士一起对数据进行有针对性的归纳和分析，制订能满足用户信息需求的服务。而这种跨学科、跨领域的合作能否顺利实现，是大数据时代高校图书馆信息服务实际应用中的一个问题。另外，在高校图书馆建设中，硬件和数据库系统的维护、更新也是一笔不小的开支。

三、读者信息需求多元化问题

（一）信息内容的多元化和集成化

当今社会正处于信息爆炸的时代，数据不再仅仅是作为客观记录的数值，这些数字符号中含有大量的隐含信息。现如今我们正处在大数据时代，我们的生活和工作中也离不开海量的信息数据，数据的无处不在对我们也有着一定的影响。

信息数据的产生是多元化的，读者对信息内容的需求是催生数据的重要环节。由于大家的年龄、职业、兴趣爱好不同，喜欢阅读的读物也不大相同，所以读者对信息内容的需求也就产生了多元化的特征。社会的竞争是激烈的，所以需要我们有大量的知识积累，也要不断更新现有的知识。

图书馆要想达到读者对信息需求的多元化，就要将现有数据库中的信息重新进行提炼、组织，在数据库中抽取出读者想要的数据信息，这样不仅能够保障知识信息的多元化，而且能够为读者提供集成化的信息服务。

（二）服务手段的网络化和智能化

网络时代一直在经历不断的变革，从前的互联网时代还无法实现网络设备的可移动性。社会的不断进步和发展，引起人们对网络化和智能化服务手段的迫切需求，所以就出现了智能手机、平板电脑等移动设备。这些移动设备的出现改变了人们的生活方式，也成为人们的精神“毒品”，网络设备的普及也证实了我们现在处于移动的互联网时代。

图书馆利用数字资源整合技术，使读者能够一步到位的浏览和检索需要的信息内容，这不但提高了获取数字资源的方便性，也提高了图书馆的工作效率。

（三）信息需求的时效性和高效化

大数据无法为用户提供高效快捷的搜索服务，并且用户面对众多数据资源很难精准地找到自己需要的数据资源。在这样的情况下，用户对信息就产生了新的需求，他们需要高效快捷的服务模式，所以这就需要图书馆在创新时，能够提高信息需求的时效性和高效化。

（四）服务形式多样化和人性化

如今的大数据时代和之前相比，用户使用图书馆的形式大不相同，之前需要用户置身于图书馆才能获得需要的信息资料，而现如今用户能随时随地获取需要的信息数据，这主要是由于大数据的发展为图书馆带来了多样化和

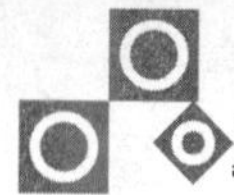

人性化的服务方式。

社会的不断发展使人们对信息的需求量也随之增加，信息量的增长虽然满足了用户个性化的信息需求，但这对图书馆也是一项巨大的考验，图书馆需要将这些信息资源整合分类，针对用户的需求，及时向用户推送最新的信息资源。虽然图书馆这种主动的服务模式也为用户带来了一定的便捷，但是这种广撒网式的推送方式，并不能真正满足用户需求，往往推送的信息反而成了用户的信息累赘。

面对扑面而来甚至泛滥成灾的信息，不是每一个人都能驾轻就熟地寻找和发现自己所需要的资源，甚至常常在信息汪洋里迷失了方向。因此，这就需要图书馆能够根据文献和信息资源的特点，将它们系统地进行重组，把一些没有价值的信息资源过滤掉，这样能够使用户在搜索时节省一定的时间。

根据读者或用户使用图书馆时留下的访问痕迹，结合用户个人身份信息，挖掘用户的行为方式和兴趣爱好，高校图书馆可以借助大数据技术分析，帮助他们分析潜在需求、挖掘隐性知识、推送所需信息，以此来推荐最符合其需求的信息服务。

通过对用户行为的分析，图书馆所推送的信息不再是撒网式发布的信息，而是针对用户个人需求的信息，此类推送方式因其较强的针对性、指向性而更容易被用户所接纳和使用，从而提高图书馆的服务效率。“大数据”使高校图书馆跨越了传统服务模式，也使直接利用海量数据进行一对一的个性化服务成为现实。

四、图书馆管理、服务模式创新问题

（一）服务内容

全球信息迅速膨胀带来数字资源的快速发展，使得有效利用大量复杂数据逐渐成为高校图书馆工作的重点。爆炸式数据资源催促图书馆服务内容转变，科研第四范式（数据挖掘）催生相关数据的管理和共享，科研数据的收集、描述和再利用等一系列的数据监管将成为图书馆新的服务内容。

目前主流的订购信息产品服务将向挖掘、揭示信息内容的深层次知识服务转变，知识服务能力将成为新的竞争力。原有的“等”读者来了我们满足其需求，读者需要什么我们提供什么的被动式服务将被能够充分利用现有信息技术，快速获取、管理和分析数据，从中分析读者的需求，预测和分析将来各类、各层次读者可能有哪些需要的服务机制所取代。

（二）服务体系

在大数据时代，网络数字化环境日益成熟，读者通过多种途径可以简捷、快速地通过远程平台获取资源成为主流。网上书店以及其他信息机构不断涉及诸如信息组织、信息搜索和用户服务等本来属于图书馆的业务领域，对高校图书馆的发展构成极大威胁。

大数据的研究需要多方面的共同努力才能够得以实现，其中会涉及许多专业的知识内容，这就需要不同专业的人才和不同机构的共同努力。但是我国高校图书馆服务体系不能有效适应大数据环境下的服务需求，仅靠高校图书馆自身显然力不从心，往往难以取得大的成效。并且我国高校图书馆还面临着许多问题，如没有足够成熟的研究团队、缺乏与外界的交流合作等。这些问题还需要一一去解决才能够使图书馆的管理和服务模式得到创新。

（三）决策机制

以读者的管理为最高管理内容将导致决策机制的变化。传统管理中，上层领导掌握所有信息，因此决策是从上到下的。但大数据环境下，是由数据管理来实施决策的。通过一线馆员的工作产生大量数据，经过智谋团队对数据的挖掘、分析然后反馈到上层，产生出决策。

大数据具有相关性的特点，这一特点是指数据之间都是有关联的，图书馆利用大数据的这一特性对图书馆的管理进行了改革。没有大数据的图书馆，管理对于图书馆而言是现在要做什么，而当图书馆运用大数据进行分析，能够通过大数据预测得知将要做什么。例如，如何充分利用数据来对内协调好人员、部门之间的关系，考评机制、人才储备、继续教育、组织结构如何设置，对外与读者、其他信息服务机构的关系等。

（四）社会化转型

大数据时代，伴随着分布式计算、分布式存储、公有云的发展，高校图书馆可以方便地存储和调用数据，同时，大量数据的产生和整合，使大数据占据了未来的中心。云端广泛的平台使得高校图书馆的界限变得模糊。移动办公、云端服务让高校图书馆的形态发生了质的变化，馆员可以在任何地点与读者或用户沟通，一线文献采访、服务现场可以及时返回数据。由于大量数据云端化，它甚至使图书馆员与读者的边界消失了，这时图书馆变成了一个广泛社会化结构。

五、大数据安全问题

（一）数据网络安全

大数据的出现，也给网络安全带来了新的挑战，大数据的服务模式是在网络节点中产生的，如果网络节点不断增加，对网络安全就会造成一定的影响。大数据为人们带来了方便的同时，也容易受到外界的攻击，而且攻击者对大数据的攻击手段和攻击途径各不相同。大数据一旦遭受攻击就很难进行恢复。

造成数据泄露有很多种原因，以下几种方面都会造成数据泄露。

①应用程序编程接口访问权限控制。API 接口又名应用程序编程接口，目的是提供应用程序与开发人员基于某软件或硬件得以访问一组例程的能力，而 API 接口权限控制则是防止别人调用 API，当其他人想对应用进行编程时加以阻止。所以 API 一旦无法控制，就会有可能造成数据泄露。

②存储和管理方面的不足。

③系统密钥生成器。

④甚至有的大数据中会带有隐藏的病毒代码或恶意软件，这些病毒和软件不但隐蔽性较强，而且潜伏时间长。

以上这些都是会导致数据泄露的原因，数据一旦被破坏攻击，都会造成不可逆的影响。

（二）安全意识

随着科技的进步和网络技术的发展，网络为人们的生活带来了许多的便利和帮助，但是网络应用是把双刃剑，有的网络应用对于用户而言是获得知识的途径，而有的网络应用会带给用户“伤害”。有的人利用网络应用传播一些病毒或是带给用户一些不良信息，所以用户除了要预防数据的泄露，自身还要提高网络安全意识。但网络安全意识不是一时就能提高的，它是一个循序渐进的过程，用户要养成定期检查网络安全的习惯。

六、用户隐私泄漏问题

在日常生活中我们最担心的就是自己隐私的泄露，当我们注册网络应用时，大多数网络应用都需要填写个人信息，因此，隐私泄露是时常会发生的事情。例如，在某社交网络注册登记了个人信息后，当你近期浏览咨询一些房屋装修问题时，很快就会收到来自装饰公司的推销电话，甚至他能准确无误地报出你的姓名及房产地址。

大数据时代的到来，使大量网络应用都得到了快速的发展，为用户提供了许多获得知识的新途径，大数据技术能够为高校图书馆带来深度挖掘数据的可能，大数据技术也是高校图书馆转型的关键。但是大数据技术也为高校图书馆用户带来了一定的安全隐患，大数据库中包含用户的大量信息，如果大数据出现故障或遭受侵略者的攻击，就会导致用户信息的泄露。

如何在推动数据全面开放、应用和共享的同时有效保护用户的隐私，并逐步加强隐私立法，将是大数据时代的一个重大挑战。我国许多高校也同样重视用户的隐私问题。

虽然大数据技术在我国得到了广泛的认可和迅速的发展，但是由于大数据技术目前还属于不够成熟的阶段，仍存在许多问题，甚至有可能在大数据中遭遇隐私的泄露。通常泄露的途径有以下几种。

（1）在数据存储的过程中对用户隐私造成侵犯

大数据技术对于用户而言存在一个明显的弊端，就是用户在存储数据过程中无法知道存放的具体位置，这就造成了用户无法对获取的数据进行使用和分享。

（2）在数据传输的过程中对用户隐私造成侵犯

在大数据技术中，传输数据的方式和途径有很多，这也证实了数据传输的开放性和多元化，由于传输是根据传统物理区域间隔的方法，其中会存在窃听的可能。

（3）在数据处理的过程中对用户隐私造成侵犯

大数据环境是由大量的虚拟技术组成的，大数据在处理信息时需要用户确认身份认证信息，在处理信息数据的过程中一旦大数据的加密措施失效，那么用户的个人信息就会被劫持，这不仅会造成用户隐私的泄露，甚至会影响用户设备的安全。

七、大数据人才缺乏问题

（一）何谓大数据人才

由于大数据技术涉及的知识范围比较宽泛，大数据技术需要多种方面的专业人才，如统计学、心理学、语言学等。关于大数据人才的概念，一直没有确切的定义，不同机构和专家学者都对数据人才做出了自己的解释。从大数据知识架构的角度上看需要以下几种人才：

①大数据需要云计算中会基础架构即服务方面的人才。

②能够看懂知识图谱，并且能够将其应用到云计算中的人才。

③学过大数据相关专业，有敏锐的洞察力，能够预测特定应用的人才。

（二）高校图书馆大数据相关人才缺乏

虽然大数据得到了广泛的关注和认可，但是我国依旧缺乏大数据相关内容的人才。我国大数据市场的发展虽然是快速的，但是缺乏相关专业领域的人才，这会影响我国大数据在今后的发展。

各大互联网公司早已意识到影响大数据市场发展的关键就是人才的缺失，相关行业一直都在积极培养大数据人才，并建立相关的科学团队。但是对于图书馆而言，大数据人才的培养速度还是不够的，这就造成图书馆内的馆员缺乏大数据相关知识的储备，所以需要图书馆在招聘馆员前，制订好相关的考核制度，完善工作流程和规范，这样才能加快大数据人才队伍的建设。

在大数据的背景下，高校图书馆馆员也需要学习大数据相关的知识内容，这样才能更好地服务用户，高校图书馆可以组织馆员定期进行与大数据相关的知识培训。大数据环境下的图书馆要求图书馆馆员掌握电子产品的使用技巧，不仅需要掌握信息搜索、信息整理、信息分析、信息组织等技巧，而且还要学会对数据进行分析和整理等大数据基本的知识技能。

大数据时代高校图书馆馆员不仅要有传统图书馆馆员必备的工作素养，还需要有敏锐的洞察能力，需要在数据的分析中了解用户对信息资源有哪些需求，将需要的信息资源进行筛选整合，传递给用户。这就需要高校图书馆馆员具备数学、统计学等多方面的知识，并且能够熟练操作电子设备等。

所以大数据环境下的高校图书馆馆员不仅要学习相关的知识内容，还要掌握图书馆相关的服务知识，并且还要掌握大数据技术。

第二节　大数据环境下高校图书馆信息服务转型中的对策

一、培养大数据思维，树立数据意识

（一）定量思维

随着网络技术的不断发展，互联网应用成为人们生活中必不可少的一部分，而互联网也成了信息传播媒介的佼佼者，互联网的飞速发展离不开大数据技术的产生。

在高校图书馆中，大数据技术能够为更多的用户带去更好的体验，并且大数据环境下的高校图书馆能够直观地了解到用户的需求和用户的行为，为此进行数据统计，这有利于帮助图书馆更好地发展。

（二）跨界思维

由于大数据涉及各方面的相关知识，所以很多行业和媒介都能够参与进大数据技术中来，大数据技术可以进行跨行业或跨媒介合作，这样不仅能够使大数据变得多元化，并且大数据也能够在数据应用和服务模式中得到多样化的发展。

（三）操作思维

有的人认为大数据技术需要大量的高端设备的投入才能发展，但其实并不是这样的。大数据技术的发展需要的是相关领域的人才和各个相关部门的积极配合，并且要有灵活的操作能力。大数据技术需要将用户和数据结合起来，这样才能够了解到用户真正的需求。

（四）实验思维

在培养大数据思维的过程中，也要树立实验思维，因为所有的结论并不是凭空产生的，都是来自实验结果。要想得到一个数据或是想要证明一个结果，都可以进行实验。大数据环境下图书馆都会为用户进行信息资源的推送，这时就可以进行一项试验，可以先对少数用户推送，看看推送的信息对用户是否有帮助。从短期上来看，推荐效果并不显著，由于短时间内用户可能对推送的信息资源并没有需求，所以就会导致无明显效果，但是从长时间的推送上看，效果就会非常显著，因为一旦用户对推送的某种信息资源有需求，用户就会去查找历史推送内容。高校图书馆可以建立交互式共享平台，这样能够增强馆员与用户、用户与用户之间的交流沟通。

针对不同类型的读者提供个性化的服务，通过用户的参与掌握用户大量的半结构化和非结构化数据，以此作为分析用户需求的数据，就能够及时从海量数据中提取有价值的信息，建立用户模型，充分利用馆藏资源优势来满足用户需求。

同时，通过调动用户彼此分享知识、经验等，使用户既成为图书馆服务的消费者，又兼职义务参考咨询者，积极吸纳用户参与到图书馆的服务体系中，从而提高对读者的吸引力，提高读者对图书馆服务的满意度。

二、重视队伍建设，强化人才储备

由于高校图书馆是知识信息储藏的重要场所，面对信息网络化的发展，图书管理工作不仅是馆员的责任，也是每个用户的责任，这一责任也关乎高校图书馆未来的发展。高校图书馆要“居安思危”，清醒地认识到以往的成功经验、成熟的服务模式和馆员队伍，并不能确保以后的“高枕无忧”。

在传统的图书馆中，高校图书馆馆员只是具备基本工作知识和工作素养，工作培训也是单一的模式，并且当时很少有教师愿意配合图书馆馆员的培训工作，所以也就造成了高校图书馆馆员缺乏其他学科的知识。而大数据环境下的图书馆，很难在短时间内培养相关的人才，这也就加大了图书馆对大数据人才的需求。

我国高校图书馆要想发展大数据，就要对图书馆馆员进行大数据技术的培训，因为图书馆馆员是大数据发展的核心力量，他们关乎着图书馆未来的发展。因此，要准确研判大数据时代的特点和业界发展的趋势，重视、挖掘和培养既懂业务又懂技术的复合型人才。

（一）创新图书馆人才管理机制

图书馆应该把人才队伍建设作为一项重要的战略任务，放到图书馆建设议事日程上。要打破论资排辈和大锅饭的条条框框，按照效率优先、兼顾公平的原则，实行聘任制、竞争制、淘汰制等人才管理机制。

图书馆应该制订相关的奖励制度，这样才能激发图书馆馆员的工作斗志，但是要注意制度一定要合理。图书馆应注意调动职工的积极性，并有意识、有计划地培养一些有发展前途与潜力的馆员。创造机会与空间使馆员才能得到充分发展，加快培养技术创新人才，提升现有人才素质，倡导和加强人才终身教育，从而吸引、稳定和壮大人才队伍。

（二）有针对性地引进人才

由于大数据涉及的知识范围比较广，所以大数据环境下的图书馆馆员需要掌握多方面的知识，并且需要他们对数据进行分析整理。因此大数据环境下的高校图书馆和传统图书馆相比，在招聘馆员时，要求除了具备传统图书馆馆员的工作素养外，还要具备其他学科的知识，如数学、统计学、计算机、心理学、管理学等方面。

大数据环境下的高校图书馆馆员需要进行多学科的学习才能够成为一名合格的大数据图书馆馆员，要具备多方面的知识储备才能克服日后工作中会遇到的各种困难。当然，也可与专业的数据信息处理公司合作，外包或租用其成熟的技术人员。

（三）多元培训模式

由于互联网的不断发展，教育活动不仅只是在传统课堂和学校中进行，而是可以随时随地进行，不受时间和空间的限制。图书馆馆员的培训模式更加多样化，手段也更加广泛化，可以通过打造线上、线下教学多元模式，着重加强馆员综合能力的培养。

在大数据背景下，由于每个高校图书馆馆员学习的学科背景不同，掌握的专业知识不同，接受知识的能力也大不相同，为了能够节省他们的学习时间，可以将员工的具体情况进行分类，帮助他们制定合理的培训计划。如有的图书馆馆员曾经学习过大数据相关的知识，他们能够熟练应用计算机，对大数据有敏锐的分析能力，就可以安排他们学习更深层次的大数据技术；有的图书馆馆员掌握大量的心理学或管理学等方面的相关知识，这一类型馆员可以安排他们学习图书馆服务相关的知识，不仅能够提高服务质量，还能够针对用户人群进行个性化服务。

高校图书馆可以依托高校的教育资源，打造在线教育平台，建立在线教育联盟，把各自优秀的、前沿的培训课程或案例放在网络上实现共享，让馆员在自主学习的过程中一方面汲取知识，一方面反馈意见。通过这种互动式、开放式的学习，馆员们对大数据的理解不再停留在纸上谈兵的阶段，而是亲身体会到大数据的力量。更重要的是，帮助暂时没有实力开设和数据培养相关课程的一些高校图书馆获取最前沿的知识，跟上大数据时代发展的步伐。

三、创新服务方式，应对用户需求

（一）改革和拓展信息服务模式

大数据时代的动态的虚拟环境，拓展了传统图书馆的服务模式。首先，高校图书馆在完善到馆服务的同时，利用先进的计算机技术、网络化技术（电话传真、电子邮件、网络导航、文件传输等）将服务拓展到馆外，跨越时空的限制，使读者享受到图书馆服务。

同时随着移动互联网的发展，通过加快发展移动图书馆、自助服务等新的服务方式，在图书馆与读者之间建立更为直接、广泛的交流平台，完善泛在服务模式，让更多的人跟上创新的节奏和转型的步伐。高校图书馆要实现与数字资源、商业搜索引擎之间更加紧密的整合或者建立区域图书馆联盟，加强合作与共享，通借通还，形成优势互补。各图书馆可以共建集标引、入库、查询、交流、系统管理、智能搜索于一体的宽松、自助的交互信息服务的门户，通过数字参考咨询、知识共享、个性化知识服务平台实现服务对象和提供者之间的联系沟通。

一方面，用户可以实时发布自己的信息需求和信息困惑以及对服务的意见和建议，并能与其他用户进行交流、互动、学习。另一方面，高校图书馆对用户信息反馈系统和读者需求调查分析的相关数据进行整理、摸底评估，分析用户信息获取和利用的效果以及用户对知识服务的评价和建议，通过数据挖掘深入研究用户信息行为新特征，在调整、修饰和重构的基础上，构建用户驱动下的信息服务模式，不断完善图书馆知识服务的体系，提高服务质量。

（二）深化多元化信息服务内容

最能体现一所高校图书馆价值的就是图书馆的服务理念。图书馆的服务理念不仅对高校图书馆十分重要，而且对图书馆馆员也有着重要的影响。图书馆最大的责任就是服务好每一位对信息资源有需求的用户，所以图书馆和馆员要正确树立良好的服务理念，能够做到全心全意为用户服务，担任和履行好自身的社会职责，尽量满足每一位用户对信息资源的需求。

随着社会的不断发展，高校图书馆的服务内容也在不断演进。高校图书馆能够为高校教师的教学和科研提供超越本学科知识领域以外的信息资源，提供能够用于决策支持、科学研究的信息；为高校学生提供专业理论和丰富的专业实践信息，帮助他们在今后的竞争中赢得优势，实现信息增值服务；为社会读者工作、生活，特别是老年人、残疾人、少年儿童、务工人员提供集成化、全方位的知识信息保障。

另外，全民阅读、全民教育的理念使得高校图书馆在满足教学和科研需求的同时，面向大众敞开大门，扩大服务范围和领域，兼顾社会公众的需求，提供良好服务，在服务内容上更加细化和多元化。各类读者阅读目的的多元化，催生出信息需求内容的泛在化，图书馆可有针对性地整合各类信息资源，并通过数字终端及时传递。

四、健全保障机制，确保数据安全

大数据研究在提升高校图书馆读者服务质量方面具有广阔的前景，大数据资源是高校图书馆服务的核心。高校图书馆利用大数据技术对信息资源进行挖掘、筛选、整合、分析等，图书馆利用大数据技术不仅能够创新服务模式，也能够提高服务的质量，其中事关国计民生，具有自主知识产权的重要数据，以及大量个人隐私的读者数据需要保护。

高校图书馆要想实现双赢，就必须重点考虑如何确保各类数据资源的存储安全，如何降低网络安全威胁，如何防止隐私泄露等问题，建立一套科学健全的安全、保密措施。从技术层面保障存储安全，提高网络安全防范技术；建立数据监管体系，对读者和图书馆的重要数据、敏感数据、隐私数据进行监管；加强图书馆信息安全制度建设，建立完善的保障体系，对于数据的开放程度、范围等，要进行明确划分，严格的监管、执行以及惩处措施也不可或缺。这样才能确保我国高校图书馆进行合理、合法的数据信息利用和传播，从而实现既充分发挥大数据的优势，又不侵犯用户隐私的共赢目标。

（一）提高网络安全防护技术

确保云计算技术和虚拟化数据安全大数据时代，云计算与虚拟化技术是高校图书馆构建用户服务系统，开展个性化服务的核心技术。

首先，当图书馆具备较强的技术水平与经济实力时，应首选自建私有云的方式构建云服务平台，确保图书馆与其他用户在物理上隔离，实现云服务由图书馆独立使用。如果图书馆因技术与资金等原因和其他用户共享公共云时，应将重要数据传输至规模较小的私有云存储，或者通过与云服务商签署安全管理协议的方式保证核心数据安全。

其次，图书馆在大数据环境安全管理中，通常会将内部的网络系统、管理和服务系统、大数据平台看作一个可信的环境，从而执行相对宽松和高效的安全管理策略，导致来自图书馆系统内部的安全问题会产生比系统外部更严重的安全威胁。因此必须加强图书馆内部系统环境的安全监控和管理，防止黑客借助系统内部的安全漏洞来提高攻击的成功率和有效性。

再次，应保证图书馆虚拟化数据的逻辑可控性。通过建立全面、高效的监控网络，实现对数据流的全程交叉监控和分层管理，避免数据被非法监听、访问和窃取。

最后，通过利用大数据的分析技术分析来源信息，能够自动检测、确定网络异常。进一步研究更有效的检测手段，完成 AP 高端检测，做到多点、长时、多类型的检测。也可以对海量的服务器运行日志、数据库操作记录、系统活动等历史数据进行网络安全审计、分析，并进行更加精细和复杂的分析，发现更多的黑客攻击种类。增强图书馆基于大数据安全威胁发现的效率和主动性。

（二）加强高校图书馆数据、信息安全制度建设

大数据安全不仅是技术问题，更是管理问题。因此，在明确大数据时代高校图书馆的实际安全需求和安全目标的基础上，图书馆除了要从技术上实现存储安全、云安全、网络安全等方式来抵御外来的信息安全威胁，更需要加强在数据安全监管，数据共享制度和机密保护制度，数据隐私保护、监控和评估制度等方面的建设。

建立信息安全责任人负责制的组织机构，加强各业务部门内部管理，提高图书馆工作人员的信息安全意识。从大数据生命周期安全管理全程入手，构建科学、可靠的虚拟化监管程序和虚拟化数据处理模型，量化各类数据资源的安全指标，明确重要数据库的范围；根据保密级别、共享级别、开放级别等明确访问权限等级划分，制订数据的访问、检索、下载、分析等方面的规定；制订终端设备尤其是移动终端的安全使用规程，创新科学有效的数据监管手段与方法，规范大数据的使用方法和流程，从管理上防止图书馆核心数据、隐私数据和敏感数据的泄露。

（三）保护用户隐私数据安全

大数据背景下，个人隐私的安全保护是一个不容忽视的问题。对于高校图书馆用户而言，保护用户的隐私是非常重要的，这不但涉及图书馆的信誉和名声问题，而且也关乎用户使用图书馆平台的安全性。所以大数据图书馆为用户带来高效便利的同时，也会存在一定的安全风险。

①高校图书馆与合作的第三方服务商就用户隐私、数据安全签订相关协议，厘清权责。

②在搜集、分析用户信息时，不应凌驾于隐私权之上，应恪守职业道德，依据大数据安全管理和用户隐私保护相关法规，主动捍卫用户的隐私权。

③高校图书馆要做到在为用户提供个性化服务的同时，不要进行其他与服务毫不相关的行为，甚至不能对用户进行 GPS 定位或者跟踪等行为，用户拥有对数据信息使用的知情权。

④对读者进行隐私安全教育。数字无法自己说话，而数据集，不管它们具有什么样的规模，仍然是人类设计的产物。因此读者首先要注意保护自己的个人终端设备，设定隐私限制，调整安全程度，尽量不要让别人在没有授权的情况下查看自己的设备，特别是一些私密信息一定要有保护措施。

⑤及时安装及定期更新防毒软件，防止黑客入侵。上网或者访问云服务时，注意保护自己的认证信息，防止网络诈骗。谨慎对待自己在网络上留下的各种信息和使用痕迹，以减少被不法分子利用的机会。尽量使用已知的安全的网络上网，对于一些未知或免费的无线网络服务 (Wi-Fi 服务) 要格外留神，避免用这类网络处理重要数据，以免黑客利用不同工具盗取这些数据。

五、共享数据资源，借力跨界合作

大数据技术对于图书馆来说也是一把双刃剑，大数据为高校图书馆带来了更多的发展机遇，但同时也为图书馆带来了更多新的挑战。有些图书馆可以依靠自己的实力解决这些问题，但对于大部分图书馆而言自身是很难解决这些问题的，需要借助外界的支援和帮助，也可以进行跨界合作。这样有利于合作双方在市场经济下实现“双赢”，可以缓解资金紧张以及人力物力的成本压力。

当然，“跨界服务”绝非“一味包揽”“贪大求全”，高校图书馆应该是在做好为高校自身提供良好信息服务的基础上再向外延伸。在政府的主导、政策的扶持下，图书馆应在与各方合作中明确各自的职责，寻找最大公约数。在满足用户需求、发掘自身优势的基础上，遵循一定的思路、寻求一定的模式，通过借助外力，实现共赢。

关于跨界合作，一方面高校与企业联合开展的大数据教育模式，为高校图书馆提供了捷径与借鉴。

另一方面，高校图书馆跨界合作的理论研究和实践越来越多，对高校图书馆服务企业的模式、内容、方法、问题及对策进行了阐述。这些理论研究和实践成果，甚至某些失败教训都为高校图书馆开展更为广泛深入的跨界合作提供了有益的借鉴依据和实践经验。

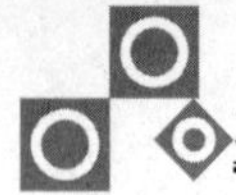

六、强化政府职责，规划顶层设计

在2013年3月美国政府宣布投资两亿美元启动“大数据研究和发展计划”，这是继1993年美国宣布“信息高速公路”计划后的又一次重大科技发展部署。美国政府认为大数据是“未来的新石油与矿产”，将大数据提升为国家战略，对未来的科技经济发展必将产生深远影响，而欧盟及日韩紧随其后，出台相关战略举措，证实了大数据是大势所趋，将成为未来科学发展的趋势。

大数据时代给包括图书馆在内的各行各业带来各种机遇。在中国国际大数据大会上，工业和信息化部长表示，随着我国大数据发展的宏观产业环境不断完善，地方政府也在陆续出台大数据的发展计划，通过各方努力，目前已具备加快发展大数据产业的基础，大数据产业链正在加速形成。特别是互联网企业围绕大数据开展的技术研发、应用创新，取得了初步进展。金融、零售、电信、公共管理、医疗卫生等行业，也在利用大数据开展有效探索。

大数据必将在推动产业转型升级、促进信息消费等领域发挥积极作用。但同时，我国的大数据产业发展还处于初级阶段，存在如大数据相关法律法规有待进一步完善，数据资源不够丰富、开放程度较低，大数据核心技术水平不高、缺少示范性应用等问题。

因此，只有及时出手，抢抓机遇，将大数据的发展列入国家战略，从顶层入手，明确我国大数据发展的战略目标和战略重点，统筹谋划大数据应用、关键技术研发，做出宏观战略设计和政策配置及其制度安排。各地政府也应依据国家的战略设计，因地制宜，基于区域条件和已有资源优势，对资源和政策等方面进行优化配置，科学合理规划布局。推动大数据产业的发展，倡导资源的高效、合理利用，控制重复建设，避免资金浪费，抢占大数据浪潮先机。对此，我国大数据发展需要做好以下几个方面的工作。

（一）建立专门的数据治理机构

大数据是新兴技术，没有统一的数据标准，相关人才资质也没有门槛，国家有关标准尚不能覆盖运行中出现的新问题，形成了标准缺失的问题。因此，政府机构、行业组织和大型企业要建立专门的数据治理机构来统筹数据治理工作、统一数据标准，建立健全相关法律、法规。

（二）鼓励扶持基于数据的创新和创业

政府主导建立大数据产业园，提供办公场所或资金支持，支持大数据关键技术产品的研发和产业化，重点推动大数据基础设施的建设，推进干间技术和产品的研发，大数据平台的建设，推动核心技术应用模式、商业模式协同创新和发展。

（三）建立健全个人隐私保护的法律法规

当前我国法律法规中还没有相关保护网络用户隐私的条例，还应健全法律法规，并且针对那些盗取公民隐私的行为制定惩罚制度，用户自身也要提高隐私保护的自我意识。大数据技术研发时也要严抓技术层面的各种漏洞，完善系统，保障用户的使用安全。

新技术的不断出现，让我们不得不面临新的转变。传统高校图书馆在大数据时代下谋求数字化转型时，应加快自身意识的转变，更快地接受新技术所带来的时代变革，并注重人才培养，推动行业整体发展环境的完善。数字服务公司可以帮助企业进行数据的管理与分析，但数据的广度与深度还需依靠高校图书馆的自身发展进行完善。

第六章　大数据环境下高校图书馆信息服务转型的途径

随着信息技术的发展，高校图书馆的服务不断创新与变革。本章主要介绍了大数据环境下的高校图书馆在基于用户需求、移动客户端、互联网端口三个方面的信息服务。

第一节　基于用户需求的信息服务

一、用户需求特点

（一）用户需求的宏观特点

1. 需求的社会化

在网络环境下，传统的信息服务模式已经难以满足用户开放性的信息需求。随着信息交流日益广泛，信息资源的网络组织不仅加速了用户需求社会化进程，还为用户提供了开放性的环境。

（1）高校图书馆信息服务社会化的意义和趋势

①信息服务社会化是一种社会责任。教育部于 2002 年颁发了《普通高等学校图书馆规程》为高校图书馆信息服务社会化提供了政策依据，该规程明确提出了高校图书馆应向社会用户开放的理念。作为公共文化资源的重要组成部分，以资源共享为服务理念，为社会提供信息服务是高校图书馆的责任和义务。高校图书馆应在构建公共文化服务体系的进程中，充分发挥其作用为社会经济文化发展服务。

②“以不息为体、以日新为道”是高校图书馆服务新理念。高校图书馆开展社会化的信息服务具有新颖性、全员性、全过程的特点，因此要求高校图书馆不断对其各种资源进行调整、利用和创新。信息服务需要以构建覆盖

社会公共文化服务体系的环境做依托，用“以人为本、统筹兼顾、全面协调”的科学发展观作为指导。

③个性化服务是高校图书馆发展的必然趋势。高校图书馆社会化不仅是对社会用户个性化需求的保障，更是对公共图书馆资源和服务的补充。个性化服务既是一种服务理念，也是一种服务模式，是图书馆信息服务的深化。根据用户需求设计、组织服务是高校图书馆个性化服务的核心优势，随着网络技术的不断发展，个性化服务逐渐在服务模式中占据重要地位，因此建设集成化的特色资源服务系统是高校图书馆发展的关键。

（2）高校图书馆信息服务社会化的优势

高校图书馆信息服务社会化的优势包括有利的地理分布特征、丰富的人力资源和文献资源三个方面。

①总分馆的地域优势。目前，我国高校大多采用多校区办学模式，从而形成了总、分馆管理布局。由于高校图书馆的地理分布特点，使其服务的范围更广，同时也为社会用户使用资源提供了便利。

②丰富的人力资源。高校图书馆的工作人员包括文献检索、教学工作的师资队伍，具有专业知识的学科馆员，以及从事具体业务的馆员，且高学历的馆员逐年增多。这些馆员在服务师生的同时服务于社会，最大限度地满足社会用户的专业需求，成为高校图书馆信息服务社会化的有力支撑。

③专业的文献资源。由于高校图书馆的文献资源建设以学科和专业为主，因此具有较为完善的专业文献体系。随着高校图书馆社会化，各类中外文专业数据库和大量有价值的纸质文献逐步向社会用户开放。既为社会用户提供了便捷的服务，又满足了其不同层次的需求。

2. 需求的综合化

信息已经逐渐渗透到了人们生活的方方面面，并且随着用户群体的变化而不断变化。用户对信息的需求体现在两个方面：一方面是获取各学科领域信息的广泛性和信息形态的多样性；另一方面是不受时空限制地自由获取各类型信息及信息内容的广泛性。

①在需求内容方面，已由过去单一的专业文献需求逐渐向全方位的信息需求转变。用户不仅需要能够帮助他们了解学科发展动态和相关领域信息的教学参考书，还需要大量娱乐、休闲等方面的信息。

②在需求类型方面，知识经济的发展加大了用户对社会信息的需求量，除了公开出版发行的期刊、图书，对特种文献和内部资料的需求量也在逐渐增加，如会议文献、学位论文、标准、专利等。因此，高校图书馆不仅要为

社会用户提供资源和服务，还要为其提供其他多类型图书情报机构的资源。

3. 需求的专门化

在网络环境下，用户需要在最短的时间内获得有效信息，但是其识别文献信息的能力并没有与各类文献的激增同步增长，并且文献信息还存在着质量下降等问题，因此必须开展专门化的信息服务。

4. 需求的网络化

网络资源在信息资源电子化和数字化的发展过程中不断丰富，网络资源的用户越来越多。网络资源具有便捷性、综合性等优势，使用户获取信息的方式更为便捷，加强了用户对社会信息服务的依赖性。

新兴信息服务商为用户提供了更为便捷的检索服务，加之网络信息资源的易用性，用户能够使用的社会资源和服务日益增多，但是用户获取有效信息的多少又受网络资源和社会信息等方面的影响。因此，大多数用户需要图书馆对各个领域的信息资源进行整合、重组，更好地为其提供综合知识信息服务，满足其多方面、系统化的需求。

（二）用户需求的微观特点

1. 学生群体的信息需求

高校信息服务的主要对象是学生，高校图书馆必须根据学生心理、阶段性学习任务、专业，以及年级等方面的因素改变其信息内容，因此具有范围广、品种多、阶段性和综合性的特点。学生群体的信息需求包括兴趣发展、知识能力拓展、专业学习等多个方面，要求信息情报由浅入深、由广及精，并且强调信息的前沿性、系统性和准确性。

随着高等教育大众化的发展，如何就业成为大多数学生最担心的问题，学生关于求职择业方面的需求越来越多，需要高校图书馆提供相关的具有指导性和信息性的资料。由于学生信息素质差别较大，导致其信息需求的形式呈现出多样化的趋势。

2. 教辅人员的信息需求

教辅是为教务管理、教学科研提供各种服务的部门，又称为教学辅助部门。例如，出版社、图书馆、网络中心、档案馆、教学设备管理中心等。在学校教职工中，教辅人员占有较大比例，因此需要重视该群体对信息的需求。教学辅助部门的工作特性决定了其需求的资料类别以应用性质为主，主要用于解决工作中的实际问题。

3. 教学科研人员的信息需求

教学科研是高校工作的中心内容，教学科研人员作为信息需求的主体，其信息需求主要为了满足自身素质提高及教学的需要。因此，他们信息需求的主题相对集中，主要面向所教授的学科范围。对信息需求的心态也相对稳定，特点在于“求新”，对学术方面的资料有着比较浓厚的兴趣，如某些学术动态、专著、新问题、会议资料、有价值的论文、新观点等。

除了学术资料外，还有一部分想要提高自身素质和知识水平的教师，更需要国内外院校教学课件和讲义、教学参考资料、实用软件等方面的信息内容。

在信息用户群体中，高校科研人员属于高层次的群体，他们的信息需求都围绕着该群体的课题进展和专业特点两个方面进行。

①在课题开展的初期，需要了解相关领域的最新情况，需要大量具有建设性、探索性的文献或具有准确性的灰色文献，如动态分析、数据统计、专题报告等。

②在课题开展后，为了能根据实际情况及时调整策略，还需要大量思想体系比较完整、概念化、理性化、专业化的情报信息。

由此可见，具有全面性、前沿性、完整性、准确性的文献是科研人员的根本需求。在网络环境下，各个高校的科研人员纷纷开始利用电子资源进行教学研究，但是仍需提高电子资源的利用率。

4. 决策和管理人员的信息需求

行政机关和高校领导属于决策群体，其信息需求主要是最新的高等教育理论及经验、国内外发展形势和发展趋势、高等教育政策法规等教育情报，这些情报具有准确性、全局性、方向性、可行性、时效性、政策性等特点。决策人员对信息的综合化程度要求较高，对回溯性文献需求量较大。

从事教育管理工作的人员属于管理群体，其信息需求内容主要涉及个人兴趣与教学工作，需要具有指导性、针对性的资料。

决策群体和管理群体事务性工作量较大，因此需要更为完整、可以直接使用的信息。

（三）用户需求的一般特点

1. 便捷性与有效性

用户对信息的需求产生于实践活动中，当他根据实践活动的需要确定其信息需求量时，必然希望在能够顺利解决问题的前提下将工作量降到最小。

换句话说，用户都倾向于易查找、易获取的知识和信息。

1949年，《人类行为与最小努力原则人类生态学引论》一书最早提出了最小努力法则，其作者齐普夫在书中对该法则做了解释。他认为最小努力法则支配着人们的日常生活和工作，人们总是试图将平均工作的消耗量降低到最小，以节省时间，提高效率，即在处理问题时会根据感觉和行为习惯选择一个相较之下更为便捷和简单有效的方法和途径。一般情况下，在检索信息资源时用户也会采取最小的工作代价来完成。

高校图书馆在建立用户服务系统时应重视最小努力法则，加入了诸多方便用户的措施，主要体现在以下四个方面。

①阅读空间的人文化。图书馆为用户创造一个轻松、自由、温馨的阅读环境，可以通过设施建设来达成目的，如座位尺寸、书籍排序、空间布局、座椅空间距离、书刊分类等。

②服务内容的深入化。图书馆应不断提高其服务质量，为用户提供多样化、深入化的服务，满足其多层次的需求。例如，手机图书馆、文献传递、资料复印、到馆借阅、定题跟踪服务、馆际互借、参考咨询等。

③图书馆资源的易获取性。图书馆应积极开展各类学习活动，提高用户信息资源的获取能力，如参考咨询、培训、讲座等。

④地理位置的方便性。图书馆应尽量建立在工作区域、社区或交通方便的地区。

2. 可获取性与模糊性

穆斯在研究用户利用检索系统时发现，一个检索系统对于用户来说如果取得信息比不取得信息更麻烦的话，这个系统就不会得到利用。穆斯的这个定律不仅适用于用户检索信息的行为，而且从广义上表述了用户对信息需求的一个基本原则，即用户获取某条信息比不获取更麻烦、更伤脑筋的话，他就会放弃对这条信息的获取。

图书馆将穆斯定律融入服务中的原因有以下三个方面。

①资料的可获取性。用户在检索需要的资源时，必须选择一个可以检索到相关信息的系统。

②资料获取的便捷性。与资源是否全面相比，用户会优先选择操作便捷的系统。

③资料获取的模糊性。在实际工作中，许多用户并不能十分准确地理解其客观的信息需求，也并不能确定资料的有效性。因此图书馆应该重视用户获取资料的模糊性特征，改善图书馆的用户服务系统，使用户获取信息资源

的方式更为有效、快捷、简单。

3. 系统性和专业性

个体用户信息量的积累受到来自受教育程度、职业、经历等因素的影响，有时会产生较大的差距。

①信息需求量小的用户。随着时间的推移，用户累积的信息量越来越小，其信息需求量会低于平均水平，并且十分容易出现停滞的态势。

②信息需求量大的用户。用户累积的信息量会随时间推移越来越多，通常会高于平均水平。

这种现象被称为“马太效应”，出自圣经《新旧约全书•马太福音》，最先被罗伯特•默顿用来概括对荣誉增强作用的社会心理影响。每个用户的工作经验、知识层面、教育背景等多个方面的不同，导致用户所掌握的信息量和对信息的需求程度的不同。

在用户信息需求中马太效应的表现可以分为以下两个方面。

①在信息资源的交流使用中。学术界已经成名的作者更能获得用户的信赖，由于其社会地位和社会荣誉，他们的作品被广泛认可和引用下载。与之相比，许多新人的研究成果不逊色于老者，但往往难以得到用户的肯定，导致两极分化现象十分严重。

②在全媒体环境下。用户获取的信息量受其技术和知识掌握程度的限制，如检索技巧、检索策略、检索技术、检索方式、计算机知识等。用户的信息需求质量会随着信息量的不断扩大而呈现上升的趋势，其掌握更精确信息的动力也会越来越趋于积极，由此带来的信息质量和信息量的水平也有明显的提高。

4. 用户需求的节律性

节律性主要是指在时间上呈现的规律性。可以将人的生命过程划分为婴幼儿期、少年期、青年期、中年期、老年期五个阶段。其中又可以再细分为多个阶段，如青年期可以分为中学、大学、研究生等阶段，也可以按年级分为一年级、二年级等。

用户所处的阶段不同，对于相关的信息需求也不相同，导致其信息需求具有节律性的特点。

二、信息需求决定信息服务模式的改变

（一）服务模式由单一化变为立体化

为用户提供信息咨询、馆藏文献查询、到馆借阅等服务是传统图书馆的主要工作，由于其服务范围有限、服务规模较小，导致服务质量很难有所提高。随着网络时代的到来，用户需求日益多元化、深层次化，并且对信息的需求量与日俱增，传统的馆藏文献和服务已经无法满足用户的需求，以信息技术为基础的新兴信息服务模式也开始走向深层次化、合作化、综合化、优质化、多元化，用户只需要掌握一定的计算机技术，足不出户也能够获取所需信息资源，方便快捷，大大提高了时效性。用户可以通过多种渠道获取所需，自助服务网络服务的开通使信息的交流传递与反馈更加便捷自如。

（二）服务空间由实体化变为虚拟化

由于传统的图书馆信息资源主要以实体馆藏文献为主，导致图书馆的信息服务受时间、空间的限制，用户需要到馆借阅相关图书资料来满足其信息需求。与之相比，新媒体的出现打破了传统图书馆的时空限制，除了丰富的馆藏、印刷出版物之外，大量引进不同类型的数字资源，服务空间也由实体空间扩大到了虚拟空间，如电子期刊、网络在线数据库等，并且为用户提供资源共享、馆际互借、文献传递等方面的服务。目前，大多数图书馆陆续开始提供 24 小时自助服务，用户可以随时获取信息。

（三）服务方式由被动化变为主动化

传统的图书馆普遍采取用户主动上门的被动服务模式。全媒体时代改变了其服务模式，以用户为中心的宗旨要求图书馆充分开展用户信息需求调研，变被动服务为主动服务，更好地满足用户需求。

（四）图书馆员职能由散漫化变为专业化

由于用户需求逐渐趋向多元化、深层次化，导致图书馆馆员必须加强自身的职业素质。这要求馆员不仅要具有各个学科的综合知识，还要熟练掌握各种网络技术，全面提升自己的核心竞争力，通过不断充实自己的知识和技能，更好地满足用户专业性需求。

（五）资源利用共享化

衡量现代图书馆信息服务质量的指标除了实体馆藏拥有量和电子资源的购买数量以外，还包括图书馆的文献提供能力。建设信息资源共享不仅能提

高图书馆信息服务的质量，还能提高其资源的利用率，因此资源共享已经成为图书馆发展的趋势。

目前，我国高校图书馆资源的共享建设服务主要体现在文献传递和馆际互借两个方面，使馆藏信息资源类型更丰富，有效拓展了虚拟馆藏资源，是提高信息服务质量的有效举措。虚拟馆藏不仅能为科研人员提供更全面的课堂发展状况和最新的研究动态，还能有效增强科研人员获得信息的能力，使文献调研工作更加得心应手。

（六）资源建设特色化

高校图书馆应建设属于自己的特色数据库，即根据学校学科建设的特点，开发有专业特色的资源。高校图书馆通过文献收集的实际情况，重点选择一两个学科进行有针对性的研究，通过系统分析和科学的设计，建设专题文献信息数据库，并充分利用网络资源对高校图书馆的信息资源进行有效的开发和利用，使其成为本校教学和科研的支撑。

特色资源建设是高校图书馆实现资源的共建、共享，以及信息服务的网络化、社会化的关键。最大限度地满足用户需求，更好地发挥特色化信息资源功能是特色资源建设的根本目的，因此在选题时应优先选择具有本馆特色、用户需求大、利用率比较高的馆藏信息资源进行数字化建设。特色数据库的开发建设是一项长期的系统工程，应该有计划、有组织地进行调研、设计和验收。在图书馆建设过程中，需要大量的财力、物力和人力的支持，只有对特色馆藏进行有系统、有组织的开发整理，进而实现文献类型转换，才能将特色资源以数字化的形式展现给广大用户。图书馆只有形成具有自身鲜明特色的信息服务系统，发挥自身特点和优势，为学校和社会提供高层次、高效率的信息服务，才能在竞争激烈的信息社会中得以生存和发展。

（七）资源整合体系化

资源整合体系是各种优势资源的集中与互补，也是各种创新的集成。其作为一种创造信息价值的重要手段，是高校图书馆创新理念和战略的重要推动力。在图书馆界，文献的整合是将分散的文献信息资源包括文献信息服务，按一定的知识管理规则和服务组织在一起，使图书馆可利用的文献信息资源成为一个有机的整体，使文献信息服务成为一个体系，从而更加便于读者利用，提高图书馆服务效率。

馆藏文献的多样化也给文献揭示带来了许多问题，如查找文献时，各种文献类型和资源平台登录检索的多次性，导致用户不能便捷地获取信息。因此，教育部于 2002 年印发的《普通高等学校图书馆规程（修订）》首次提出了整合的概念，该规程要求将虚拟资源和实体资源整合在一起，形成统一的馆藏体系。资源整合工作是高校图书馆在文献揭示领域中的重要研究课题，其最终目标是建立完整的服务体系，其中包括不同系统之间的无缝链接、一次性用户认证、统一检索平台等。

（八）资源服务个性化

1. 传统定题服务的深入开发

高校图书馆应根据用户需要不断创新其信息服务方式。在秉承传统定题跟踪服务的基础上，为重点服务对象建立个人电子档案记录，其内容应包括用户专业、课题、学科等文献资料的需求情况，实现重点读者的动态管理，并且通过他们不断发展新的用户。

2. 宣传培训服务的按需施教

现如今，高校图书馆资源平台功能已经逐步完备，其电子资源的种类也趋于多样化。为了提高各类文献的使用率，以及更好地宣传馆藏资源，高校图书馆必须重视宣传培训服务。

不同的用户群体在利用馆藏资源上存在差异，因此高校图书馆应开展具有针对性的宣传培训服务，定期举办普及性培训讲座。

①教师群体。根据该群体的工作性质和知识获取习惯，可以采取一对一的讲解方式。

②学生群体。根据该群体的专业和个人兴趣爱好，可以采取具有针对性的专业学术资源宣传培训。

3. 主页服务的新颖多样

高校图书馆网站在宣传和展示图书馆馆藏的同时，还为师生提供了具有本馆文献特色的信息服务。因此，图书馆个性化服务体系应重视主页建设，主页栏目应该包括馆内动态、新书刊报道、馆际互借、用户教育培训、读者指南馆藏检索、科技查新、海外图书馆采购系统、择业指导、电子资源导航项目、投稿指南、定题服务、国际国内会议信息预报等。

除此之外，图书馆还应提供能够与读者互动的虚拟参考咨询服务，如实时咨询、FAQ 解答、E-mail 表单咨询、馆长信箱，以及专业特色数据库、学位论文库、重点学科导航库的链接等。

（九）资源提供增值化

网络环境下高校图书馆信息服务的主要目的之一就是提高知识创新的效率，用科学的方法组织信息，使之有序化，成为便于读者利用的形式。

①从学生的角度看。高质量的信息服务能使学生在学习的各个阶段及时、准确地获得相关学科的信息资料，有利于学生拓宽视野、积累知识，从而提高学习效率和效果。

②从教学科研人员的角度看。高质量的信息服务使其有更多的时间和精力进行创造性的教学研究。

③从决策管理者的角度看。高质量的信息服务能使其在繁忙的事务性工作中，更加准确地把握高等教育发展的最新脉搏，提高管理效率。

高校图书馆应根据读者群体的不同需求，对各种文献信息进行深层次研究，如综合归纳、评价比较、过滤筛选、相互关联、内容萃取等，为用户提供更好的服务或适用的工具等。

第二节　移动客户端信息服务

一、图书馆移动信息服务内容

（一）个人信息查询服务

主要为用户提供预约自习室和会议室、馆际互借、消息定制、图书续借、图书预约，以及读者个人借书证挂失，查询借阅历史和借阅情况等服务。个人信息查询服务打破了传统图书馆必须到馆借阅的限制，用户可以直接通过自助办理图书馆相关流通业务。

（二）移动信息检索服务与利用

移动信息检索服务主要是指基于 OPAC（Online Public Access Catalogue 联机公共目录查询系统）进行检索，其中包括对检索入口、条件和结果的展示。图书馆信息移动检索服务为用户提供了多媒体搜索引擎，其中包含了多种输入方式，如视频、音频、语音、文本等。

移动信息资源的利用包括学科资源的定制与推送服务，观看图书馆视频、电子书和电子期刊，阅读相关文献等。

（三）参考咨询服务

目前，我国高校图书馆主要通过参考咨询为用户提供深层信息服务，可以分为以下两种方式。

①实时咨询。用户可以通过移动设备保证咨询服务的互动性和即时性，具有不受空间限制的特点。

②非即时咨询。主要是指用户通过自助的方式寻求帮助，使教师和图书馆员参与到科研活动中的一种服务方式。非即时咨询在一定程度上提高了参考咨询服务的质量，较为常见的咨询服务包括预约面对面咨询、实时咨询、问题解答、指导教师在线交流、留言反馈等。

随着移动信息服务的优化，参考咨询服务应提供基于文本、音频、视频等多种方式的线上与线下咨询互为补充的数字参考咨询模式。

（四）馆务信息

馆务信息主要包括讲座、图书馆导航、图书馆概况、新闻通知等，是用户快速了解图书馆动态的重要途径之一。

二、图书馆移动信息服务技术模式

（一）短信服务模式

短信服务是拥有借阅证的用户注册后便能享受的图书馆服务，是移动图书馆最为常见的一种服务。其提供的服务主要可以分为两个方面。

1. 被动服务

被动服务主要是指用户自主根据一定的指令获取信息，以满足自身需求。例如，查看馆藏、续借、参考咨询、借阅情况以及图书馆工作时间等。

2. 主动服务

主动服务主要指由图书馆主动发送给读者信息，如过期罚款催缴、讲座预约提醒、用户的新闻、图书催还等。

短信服务已经成为国际性的图书馆服务，我国开展该服务的图书馆有上海图书馆、济南市图书馆、成都理工大学图书馆、国家图书馆、深圳图书馆、四川大学图书馆、中国计量学院逸夫图书馆、浙江大学图书馆、清华大学图书馆等。

国外开展该项服务的图书馆也有许多，如丹顿公共图书馆、新加坡南洋理工学院图书馆、美国加州大学图书馆等。

（二）网页服务模式

网页服务可以分为以下两种。

1. 常规服务

常规服务包括馆藏目录检索，参考咨询，图书馆新闻、图书馆使用指南、读者借阅信息查询等。

2. 特色服务

国内外图书馆的特色服务内容不同。

①国内图书馆的特色服务。例如，2008 年国家图书馆推出了为读者提供留言板、文津图书奖、读者指南、资源检索、掌上国图、读者服务、在线服务等移动服务。其服务板块又可以细分为多项服务，不仅提供在线讲座、在线阅读、讲座预告、图书催还、借阅历史、用户注册信息查询、在线展览、书刊推介、图书续借、在借信息、预约和预约到达通知等，还提供国家图书馆阅览室定位帮助等。2009 年上海图书馆首次推出了图书馆网站，可检索全市书目和馆藏联合检索，主要为用户提供七种类型的服务，即书目检索、上海与世博、上图讲座、服务与简介、上图电子书、动态新闻和分馆导引。用户通过网站直接查看新闻、地图、开放时间、续借服务、讲座分馆地址、电话、读者借阅信息等。

除此之外，提供该项服务的图书馆还有苏州图书馆、四川大学图书馆、南京师范大学图书馆、成都理工大学图书馆、同济大学图书馆、浙江工商大学图书馆等。网页服务已经逐渐成为我国图书馆服务的重要组成部分。

②国外图书馆的特色服务。例如，加州大学富尔顿分校的图书馆，配备了能查询空闲电子阅览室数量、服务内容的计算机，以及图书馆员的联系电话等；美国艾德菲大学图书馆的网页服务还包括校历、学校地图、艺术学院表演时间、体育新闻等。

国外开展特色服务的图书馆还有许多，例如，加拿大阿尔伯塔大学图书馆、剑桥大学图书馆、纽约公共图书馆、阿姆斯特丹大学图书馆、丹麦奥尔堡图书馆、哈佛大学图书馆等。

3. 数据库检索服务

除了短信服务和网页服务，一些图书馆利用网页提供数据库检索服务，例如，加州大学富尔顿分校为用户提供了检索医学数据库、书目数据库、医学数据库、全文数据库，以及网络版大英百科全书等；耶鲁大学图书馆为用户提供了医学文献联机数据库等，不仅可以获得检索结果题录文摘和全文链接，还可以选择将检索结果通过电子邮件发送给用户。

开展此项服务的图书馆还有纽约大学图书馆、奥本大学图书馆、波尔州立大学图书馆等。

（三）移动设备应用程序客户端

用户可以在移动设备上安装相关软件，进行观看视频、聊天、网络访问等操作。随着科学技术的发展，智能手机和移动阅读设备已经成为人们生活和工作必不可少的一部分，推动了图书馆移动设备应用程序客户端的开发。与短信服务和网络服务相比，移动设备应用程序客户端可以给用户带来更好的移动信息服务体验。

图书馆客户端应用程序服务可以分为两个阶段：一是基于苹果和安卓的应用程序商店提供客户端程序下载；二是基于图书馆自有网站提供客户端程序下载。

（四）微信模式

微信的兴起推动了高校图书馆微信服务的开通，用户可以通过查找添加图书馆公众账号进行实时咨询。与短信服务相比，微信模式还能提供长信息的发送，由于微信公共平台采用开放应用程序接口的方式，因此利用微信提供移动信息服务的内容是与管理者的使用能力相关的非程式化弹性空间。

高校图书馆微信服务模式具有以下几方面优势。

①为用户提供免费的服务。信息技术和移动设备的飞速发展使无线网络覆盖了几乎所有的公共场所，有效地减少了通信费用，实现了信息服务高效低成本的服务目的。

②互动沟通更加快捷高效。微信具有实时对讲功能，用户可以随时随地地将需求发送给微信公众号获取相关信息，使图书馆馆员与用户之间的沟通更加便捷，节约了大量的时间成本。

三、大数据相关理论

（一）大数据与图书馆的关系

大数据技术在图书馆中的应用意味着在关注图书馆的结构化信息资源需求的同时，可以经济高效地分析非结构化数据。高校图书馆通过大量引用这种创新式的技术拓展知识，满足用户日益增长的需求。大数据是图书情报领域一项重要的技术推动战略，有利于高校图书馆拓展更多的用户群体，提高核心竞争力。大数据在图书馆服务中的应用不仅能根据情况及时调整决策方向，还能更加快速地了解知识服务的流行走向，提出决策，抓住知识服务的新机遇。

大数据在图书馆中应用的优势包括以下几个方面。

1. 建立各类风险评估模型

高校图书馆可以通过大数据预测、分析和智能辅助决策技术建立各类风险评估模型。例如，知识产权风险评估模型、信息资源采购及应用评估风险模型、信息安全风险评估模型等。

2. 图书馆用户流失分析及价值分析

近年来，由于人才缺失、技术瓶颈等问题弱化了图书馆的存在价值，导致我国高校图书馆的发展十分缓慢，信息用户大量流失。大数据技术的出现，使高校图书馆能够通过数据观测用户的需求，了解其在知识服务过程中的数据使用情况，最大限度地避免图书馆有可能发生的问题。

3. 建立新型知识服务引擎

新型知识服务引擎包括需求预测引擎、行为智能分析引擎、推荐引擎、资源及学术搜索引擎等。技术是支持高校图书馆移动信息服务发展的关键，因此在图书情报领域的研究中心，必须充分利用大数据技术构建高校图书馆新型知识服务引擎。

4. 故障预测

通过分析高校图书馆现有的信息资源、网络资源、硬件资源，预测未来可能发生的故障，及时制定相应的应对策略。例如，用户移动信息服务需求障碍、软硬件故障、黑客攻击等。

（二）大数据时代为图书馆传统移动信息服务带来的变革

大数据时代的到来不仅给图书馆移动信息服务提供了宝贵的机遇，同时也带来了巨大的冲击和变革。高校图书馆庞大的应用市场和用户群，使图书馆成为大数据的主要承载对象。高校图书馆的转型和升级必须要解决海量数据带来的一系列问题，图书馆的服务效率将成为图书馆核心竞争力的重要组成部分。

传统高校图书馆的移动信息服务在大数据环境下面临的问题包括以下几个方面。

1. 用户群的整合

高校图书馆对移动信息服务的对象进行了系统整合，可以从以下两个方面进行分析。

①从用户角度分析。一方面高校图书馆的移动用户规模随着移动技术的普及逐渐扩大；另一方面用户群不再局限于教师和学生，已经逐渐发展为对信息需求更深入的科研人员。为了更好地为用户提供移动信息服务，高校图书馆对用户群的整合必须随用户群的增多和变化进行及时的调整。

②从用户使用的设备类型角度分析。随着科学技术的发展，移动设备终端类型逐渐趋向多样化，如电子阅读器、平板电脑、智能手机等，导致用户

群更加庞大和复杂。因此，为更好地适应用户群的多元化，高校图书馆必须整合不同移动终端设备的用户群。

2. 检索方式的变化

大数据背景下，图书馆的海量数据相比以往更加复杂和多变，用户的检索方式也随之发生了变化。传统的短信服务和网页服务已经无法满足用户日益增长的需求，用户需要更加多元化的服务模式，如移动图书馆联盟、个性化信息推荐服务、移动流媒体服务等。

当读者需要获取不同的信息时，必须从不同的检索入口进入，如视频入口、音频入口、文本入口等。因此，高校图书馆根据移动信息服务多样性的发展和用户需求，增加了检索入口的数量。

第三节　互联网端口信息服务

一、互联网信息服务模式及现状

（一）互联网信息服务模式

1. 门户网站信息服务模式

门户网站信息服务模式，是我国最基础、应用最早的互联网信息服务模式，如搜狐、网易、新浪等。

传统的门户网站信息服务模式主要为用户提供搜索和目录服务，日益激烈的市场竞争使门户网站开始重视新型服务类型的拓展，现如今门户网站提供的最主要的信息服务是移动增值、网络游戏和网络广告。

2. 垂直网站信息服务模式

针对某一特定需求、某一特定人群和某一特定领域提供的有一定价值的信息，称为垂直网站信息服务模式，其宗旨是追求专业性与服务的深入，具有专、精、深，以及行业色彩等特点。垂直网站信息服务模式十分注重信息的专业性，主要为用户提供信息传递、信息交流、信息检索等服务。

3. 电子商务信息服务模式

电子商务信息服务模式主要为用户提供信息搜索服务、网上支付服务、网上交易和会员制服务等。

4. 搜索引擎信息服务模式

搜索引擎主要指利用网络自动搜索技术对网络资源进行收集、整理与组织，并提供检索服务的一类信息服务系统圈，帮助用户查找各种信息是其主要任务。搜索引擎信息服务模式主要为用户提供出租搜索引擎、广告关键字搜索、竞价排名等服务。

（二）互联网信息服务现状

信息化、网络化加速了知识经济和信息社会的变革，互联网信息服务面临的竞争也越来越激烈。信息服务具有两个核心难点，一是表现出不同特性的传统信息服务；二是更新效率与查询效率。数据广播的优点是便于高速更新，但是却不利于提供查询功能，而光盘数据库恰恰相反，它可以与用户的计算机高速连接，很容易实现有效的检索，但无法实现及时更新。微机通信网虽然能兼顾两方面的要求，但在当时的通信条件下却由于成本过高而难以普及。

基于互联网的信息服务模式具有以下特点。

①不重视系统配套的组成部分，例如，信息安全、法律、人文、信息生态环境等。

②按传统信息流程组织，系统和服务满足于大而全。

③文本信息和显性知识是信息服务的主要内容，其任务是为用户提供浏览和查询等简单的服务。

④信息服务提供者本着自愿的原则提供各项服务，强调资源共享。

⑤在应对信息爆炸和信息垃圾方面，能力十分不足。

从信息服务的角度来看，互联网增强了信息的易接近性和可获得性，拓展了用户能够获取的信息量，使信息环境从根本上产生了改变。而用户的生活方式、行为方式、思想观念等方面受互联网环境的影响也产生了巨大的变化。为了让用户获得真正有效的消息，信息服务提供者必须选择适当的服务模式，并且及时进行调整。反之，当用户的信息需求发生变化时，服务模式不能及时更新则会大大降低市场竞争力。

人们的知识水平不断提高，导致用户对信息服务的需求日益增长，需要为其提供更高质量的信息服务。除一般信息外，还应增加更加专业、深入的知识。近年来，虽然互联网服务模式给用户提供了诸多便利，但仍然不能满足用户个性化的知识需求，因此创新信息服务显得尤为重要。

二、互联网信息服务的创新

（一）个性化服务

个性化服务是指根据用户独特的信息需求，制定具有针对性的服务。通过对用户的使用行为、研究课题、研究方向、偏好特点等方面的了解，主动为其提供个性化服务，是传统高校图书馆服务在网络环境下的深化。

个性化服务主要分为以下三个方面。

①服务内容的个性化。有助于用户各取所需，各得其所。

②服务方式的个性化。最大程度上满足用户的个人爱好和需求特点。

③服务时空的个性化。用户不需要通过到馆借阅获得所需要的信息，而是通过互联网随时随地地获得服务。

了解用户需求是为用户提供个性化服务的基础，只有与用户进行互动，及时掌握其不同阶段的信息需求，才能及时调整个性化服务内容。以豆瓣网站为例，该网站根据用户的浏览历史，为其推荐相关的、可能感兴趣的一些信息，并且通过相关技术聚合用户的信息需求，更高效地为用户提供更加全面、准确的信息资源。

（二）个性化引擎服务

偏好系统必须具备主动适应用户、主动预测用户需求、主动发布、主动挖掘隐藏知识、采集和处理信息等功能，才能最大限度地满足用户个性化的需求。

偏好系统是个性化引擎的基础，因此偏好系统的建立必须要与内容聚合相联系。建立个性化引擎，首先要进行一定的偏好分析，它以有效的用户偏好信息处理为基础，以用户进行的各种操作和用户提出的各种要求为依据来分析用户的偏好。

第七章　大数据环境下高校图书馆信息服务的模式

21 世纪是一个集信息、科技、经济于一体的相对巅峰的世纪，随着多媒体技术、计算机技术、网络技术、现代通信技术的迅速发展，人们的学习方式和接收信息的方式都发生了巨大变化，协作性和共享性是学习环境所强调的关键。为了跟上社会发展的脚步，我国高校图书馆信息服务模式需要进一步的创新。换言之，依托大数据时代的发展，我国未来高校图书馆的信息服务模式将会更加丰富多彩，这也是一个不可避免的发展过程。

第一节　高校图书馆个性化服务模式

一、传统个性化服务转型的必要性

（一）传统个性化服务针对性有所缺失

高校图书馆主要服务于学校的教师与学生。但在服务期间，个性化服务时常会被各种因素所影响，如学生与教师之间的关系是否和谐、学生与教师所研究课题的非固定化等问题。要想将这些可控制性因素的影响降至最低，并将其使用效益提升至最佳状态，就需要高校图书馆多关注一下用户的各种信息需求变化。

与此同时，还需要对自己已有的各项服务策略做出相应调整。但往往在日常服务中，由于各种原因导致学生和教师在多数情况下不能向图书管理员及时反映自己已经改变的信息需求。久而久之，用户变化信息需求无法被图书馆及时获取，这就导致了个性化信息服务与用户实际需求的脱节，大大降低了其服务的针对性。

（二）传统个性化服务无法感知用户真实信息情境

问卷调查或对用户进行访谈是高校图书馆用以获取用户信息需求的传统模式，但这种调查方式存在着一定缺陷，它不能使学校图书馆获得用户具体的个性化信息。如果缺乏适合用户具体需要的信息服务，就无法提供准确、有针对性的个性化信息服务。

（三）传统个性化服务的信息服务遭遇用户流失危机

现在的大学生都是在互联网环境下成长起来的，因此对互联网也是比较熟悉的，所以他们对互联网具有相当强的实际操作能力，我们可以理解为，他们对图书馆没有太多依赖。因为图书馆信息服务相对来说是比较烦琐、不便的，而且信息服务的针对性也并不是很强，他们之中大多数在产生信息需求时，都会借助网站进行相关信息的搜索，而不是去图书馆寻求帮助。

高校图书馆是一个各方面信息资源较丰富的地方，它的存在建立在有适合的使用者将其进行使用的基础上；高校图书馆的个性化信息服务针对性相对来说是比较脆弱的，这也是导致用户大量流失的主要原因。所以说，提高个性化信息服务的针对性，增强用户体验的满意度，是高校图书馆个性化服务过程中急需解决的问题。

二、大数据环境下模式创新的可行性

（一）目标群体较易识别

在校师生是高校图书馆所针对的服务对象，这点是毋庸置疑的。在师生使用图书信息资源的同时，他们自身的信息也在图书馆进行了注册，而图书馆正是使用这些已有的海量信息资源对已有信息用户记录进行相应识别，这对于目标群体的定位来讲是较为准确的。

另外，高校教师和学生在进行校内网络访问时，通过对这些用户登录时所使用的用户名以及密码的辨别，是可以较为容易地对目标用户进行精准识别的。

（二）数据来源相对丰富

高校图书馆作为信息资源的中心而言，积累了大量用户行为数据。如，用户在浏览所需信息时留下的一些历史记录，或是用户在进行借阅图书以及归还图书时的一些相关借阅信息等。

这些海量的数据便是用户变化着的信息情境的一种真实反映，面对这些数据，高校图书馆应不断对其进行有针对性的挖掘和分析，如此便可较为直观地看到用户现阶段真实的信息情境，为图书馆顺利开展个性服务提供有意义和价值的决策参考。

（三）实时感知可以满足用户信息需求

由于用户的具体信息行为可以使他们的信息需求得以展现，所以可想而知，一般情况下用户的信息需求可以被实时感知。大多数在校师生在产生科研或是学习方面的信息需求时，通常会去校图书馆或是互联网寻找其所需信息，这是最常见的自我服务方式。在这个自我服务的过程中，接待服务器可以准确地记录其行为数据。通过对这些数据进行深入分析，可以得到用户的真实、有效的信息需求。

三、不完善的个性化服务信息系统应用

（一）数据来源的限制

想要提供有针对性的个性化信息服务，就需要有相当规模的数据，只有当用户的信息行为数据非常大而且具有一定的数据耦合度，并在此基础上结合使用个性化信息分析系统时，才能对数据进行深入的挖掘和分析，得到用户信息需求有价值的特征。

个性化信息服务系统的大部分数据来自校园，因此具有相当大的局限性。对于校园外的用户信息行为数据而言，必须与电信运营商和移动服务提供商进行通信和协调。因为用户信息行为特征识别的精准度在很大程度上会受到数据来源局限性的影响。

（二）用户隐私权可能受损

个性化信息服务系统通过一系列的处理来分析用户的信息行为数据，得出数据之间隐藏着的用户信息特质，以此为依据为用户提供个性化信息服务。同时，为了对客户信息需求有更加全面且深入的了解，就需要对用户的信息行为进行实时地观察和监控，这就在无形中大大提高了用户隐私权受威胁和侵犯的概率。

因此，要在取得用户同意后，才能对用户信息行为进行数据分析，这是为了更好地保护用户的隐私权。除此之外，在分析数据之前，系统要把那些涉及用户隐私的相关数据进行清洗，删除与个性化信息服务无关的数据，最大限度地保护用户隐私。

四、大数据环境下个性化信息服务系统的构建

（一）高校图书馆在大数据环境下个性化信息服务系统目标

通过深入互联网用户使用日志、评论信息、绘画信息、图书馆使用记录等对用户不断变化着的信息需求有实时的感知，是大数据环境下高校图书馆构建个性化信息服务系统的最终目的，并以此来针对用户的真实信息情境开展有针对性的个性化信息服务。

系统的构建目标为：基于高校图书馆现有的服务模式、服务平台和信息，将多元化数据库的相关记录进行适宜的收集和整理，之后再通过网络进行相应的数据挖掘，尽快感知到用户的实时信息需求，最终以此为基础，对用户展开有针对性的个性化信息服务。

（二）高校图书馆在大数据环境下个性化信息服务系统模型

高校图书馆的个性化信息服务在大数据环境下，应该包括数据集成模块、数据规范化处理模块、信息分析模块、信息匹配模块、信息推动模块和用户使用评价模块。其中，结构化数据分析模块、互联网日志分析模块和移动终端位置判定模块是信息分析模块所包含的内容。

（三）高校图书馆在大数据环境下个性化服务系统模块功能

1. 数据集成模块

高校图书馆所获取的大量师生信息数据是分散的，它们分散在图书馆的各个自动化系统中。将各系统中的相关数据进行相应的连接是数据集成模块的基本功能。换言之，数据集成模块就是将不同来源、不同含义特点、不同格式的数据富有逻辑性地集中起来。

2. 数据规范化处理模块

对集成后的数据进行一定标准的处理是数据规范化处理模块的基本功能，且数据规范化处理模块能够使数据与数据挖掘相关算法的需求相符合。

3. 信息分析模块

高校师生一般通过图书馆、互联网或者社交网这三种途径满足自己的信息需求。基于这三种信息资源的不同利用方式，可分为非结构化信息、半结构化信息以及结构化信息三种信息分析模块。

图书馆信息被用户搜索利用时，它会利用一些技术手段把用户的各种行为记录下来，这些记录都十分规范地以表格的形式存储在对应的数据仓库中。

当用户借助互联网来进行相关信息搜索时，会在其服务日志文件中留下相关使用痕迹，对用户的网络信息行为进行相关分析属于互联网日志分析模块功能范畴。

用户不再像以往一样，亲自去图书馆，而是开始使用移动互联网这个虚拟的媒介进行信息的搜索，这便由以往核心节点的人变成了网页。所以说，对于移动互联网的日志而言，需要采用不同的信息、分析策略来进行更深入的分析。

4. 信息匹配模块

在得到用户实时信息需求之后，高校图书馆人员应及时使用信息匹配模块，这种信息匹配模块不是一成不变的，而是根据用户不同信息的需求而定的，通过不同的信息资源制定出多种信息服务策略，并使用户信息个性化服务得以最大限度的保证。

5. 信息推送模块

该模块的功能主要是向不同用户推送相关信息，这些信息多是针对性强且富有时效性的信息。在整个推送过程中常会用到以下三种推送模式。

第一种，针对用户使用的移动终端类型的不同、位置的不同，高校图书馆应向各用户及时推送相关阅读信息。

第二种，当用户借阅某种类型的书籍或是使用某些类型的电子资源时，高校图书馆信息模块推送方面可以自动为用户所搜索的信息类型进行归类，推送一些相关信息内容，并给用户推荐数据挖掘中发现的其他用户信息选择的结果，较有针对性地将用户没有发现的但对用户有帮助的信息资源推送给用户。

第三种，当用户使用第三方信息平台进行信息搜索时，需要在第一时间对用户的搜索数据进行分析，并得出相应的结果，最终向用户推送有价值的信息。

6. 用户使用评价模块

为了使个性化信息服务对用户帮助最大化、针对性更强、精准度更好，个性化服务系统模块功能专门设置了用户使用评价模块，换言之，个性化服务系统拥有成千上万的数据，并对这些已有的数据进行了较为深入的分析、总结，这样便可对用户的需求、意图有进一步了解，之后便可向用户推送所需或是相关类型的信息，那么用户在收到这些相关信息的同时，可以使用评价模块来对自动推送的信息是否符合自己的需求进行评价，用户评价之后，系统就会将该评价存储到后台个性化信息服务库。

久而久之，后台个性化信息服务库中的评价信息日趋增多，他们为高校图书馆工作人员带来了具有实际参考价值的大数据，这足以使他们在原有基础上，提高个性化服务系统的整体服务水平。

第二节　高校图书馆嵌入式服务模式

一、高校图书馆嵌入式服务的基本内容

米歇尔·鲍文斯于1993年提出了“嵌入式”概念，这是“嵌入式”概念的第一次出现。自21世纪以来，该服务在各种现代信息技术的支持下得到了很好的发展。嵌入式服务逐渐成为图书馆特别是高校图书馆所提供的一种主要信息服务模式，受到各种图书馆组织的极大重视。

国外有很多图情工作者都认为图书馆员能力素质的提高是图书馆未来发展的关键。《嵌入式图书馆员》是大卫·舒梅克编辑的一部书籍，他在该书中用虚拟图书馆员、巡回图书馆员、个人图书馆员、联络者和信息工作者等称谓来定义离开自己的办公桌，并尝试利用他们的专业知识以及人际关系来更好地为特定用户群体进行服务的图书管理员，图书馆的嵌入式服务被他们实践着。这种嵌入式服务从根本上改变了图书馆只“藏”的知识管理模式，将“藏”和“用”有机地结构起来，最大限度地发挥高校图书馆的价值。

二、高校图书馆嵌入式服务的主要特点

（一）对于用户而言

嵌入式馆员利用非常先进的网络技术，深入到用户群体中，能够在第一时间满足用户的各种信息需求，甚至能够帮助用户发掘或是提供他们所没有意识到的有价值的信息以及信息需求，这改变了与用户之间原有的联系方式。他们不再只是等着用户亲自登门拜访，而是化被动为主动，积极参与到课堂讨论中、参加到教研会议中、与用户共同完成课题研究。这样可以有效地了解用户的学术背景，还可以对用户的工作内容和流程加以熟悉，进而为用户提供更加有效、及时、高水平的信息服务。

（二）对于服务定位而言

嵌入式服务的定位是与用户合为一体的，这是嵌入式服务一个非常关键的特点。它充分体现了一个事实，那就是馆员除了是信息服务的合作者与提

供者之外，还是用户群体中的一员，他们与用户是亲密合作的关系。

首先，就教研部门层面来看，他们是科研人员之一。

其次，就课题研究层面来看，他们是课题研究组成员。

最后，在课堂上，他们又是教师的得力助手。他们“想用户之所想”，真正实现了嵌入的意义。

（三）对于模式种类而言

2007 年，大卫·舒梅克等人从共同定位、合作关系、共同管理及共同资助四个维度理解“嵌入式图书馆服务”，并且将嵌入归纳成三种类型，具体如图 7-1 所示。

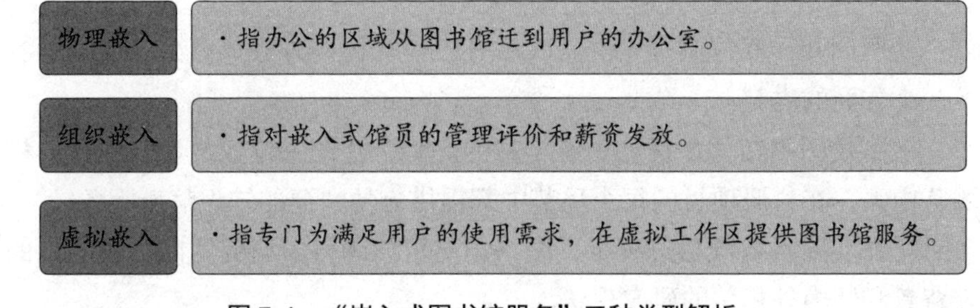

图 7-1　“嵌入式图书馆服务”三种类型解析

（四）对于服务内容而言

嵌入式馆员可以将自己具备的学科知识深入到用户的项目和课题研究之中，对用户信息需求服务进行跟踪，对用户真实、潜在的信息需求进行最大限度地挖掘；嵌入式馆员可以在讨论区与学生进行互动，为他们答疑解惑，为他们的数据库资源检索提供参考性的意见；嵌入式馆员可以在课程管理系统中添加图书馆页面链接，为用户解答关于图书馆的基本问题。

除此之外，嵌入式馆员对某学科领域的专业基础知识和发展状态还有动态是非常熟悉的，并且时刻关注着，指导怎么样可以更有效地寻找和利用专业信息资源，所以他们可以很好地为用户提供咨询服务，大大提高用户的检索效率。

（五）对于馆员专业素质而言

与传统的参考咨询服务对馆员的要求不同，嵌入式服务对馆员的要求非常高，除了要具备和一般馆员一样的素质外，该服务式馆员还需要具备相应的其他学科的专业素养，这是最重要的一点。在为用户提供服务的时候，嵌入式馆员对其所服务专业的学科背景一定要有详细深刻的了解，如此一来，便可以向用户提供专业的信息服务。

（六）对于最终的服务效果而言

嵌入式服务的基本思想和服务理念分别是“以人为本”和“以用户及其需求为中心”。这种服务方式非常独特，图书馆员借助这种服务模式可以让服务的范围更加广泛全面，用户可以体验到非常完美的贴心服务。用户的价值和体验效应是嵌入式服务一直强调的内容。因此，这种服务方式非常容易得到用户的认可与支持。

三、高校图书馆嵌入式服务的实践

（一）嵌入到师生科研项目活动中的服务

众所周知，高校图书馆嵌入式服务已经在国内外开始蔓延，其主要有以下几个方面的内容。

①高校图书馆凭借信息资源丰富的优势，让图书馆馆员参与到用户科研团队中去，在科研项目的每个环节中都提供方便快捷的知识信息服务。

②在实践科研项目过程中，图书馆员可以为科学研究团队提供详细的研究背景和国内外相关的研究现状。

③图书管理员还可以编写专题研究报告和技术基准，分析和评论科学机构及其国际对应方、研究和发展产品趋势。

（二）嵌入到日常教学活动中的服务

说起学生的第二课堂，非图书馆莫属，因此它应在为学生提供信息资源的同时，还需要为学生提供信息素养教育，起到提高学生阅读兴趣与技能的作用。所以，除了向科学研究项目提供服务外，高校图书馆还须将服务纳入日常活动中。

就目前而言，我国高校图书馆已经嵌入到师生日常教学活动服务之中，其主要是让图书馆员以扮演教学助手的方式，在用户课堂和网络教学平台上提供服务。学科馆员将信息素养与专业课程有机地结合起来，把各种信息服务完美地融入专业课程的教学当中。

（三）嵌入到日常学习、生活中的服务

大数据环境下，人们的信息需求和信息获取都发生了翻天覆地的变化，而且随着现代信息技术的发展，各种信息服务机构层出不穷，这对作为传统社会信息中心的图书馆提出了挑战。所以，图书馆越来越重视为用户提供嵌入到日常学习和生活中的服务。

（四）嵌入到政府及企业中的服务

随着高校图书馆面向社会开放的推进，高校图书馆除了向社会开放丰富的文献资源和良好的学习空间之外，还结合阵地服务，开展了一系列社会活动与服务，其中就包括面向社会、企业和科研单位的嵌入式服务。针对用户的实际需求提供专题报告是高校图书馆面向社会提供的最主要的嵌入式服务。

第三节　高校图书馆知识服务模式

一、图书馆学科知识服务概述

（一）图书馆知识服务与学科馆员制度

目前，各领域对知识服务的研究仍处于初级阶段，对知识服务概念的界定还众说不一。但学者们所提出的概念在以下三个方面基本达成共识。

第一，知识服务要以信息和知识的获取、组织、整合、重组为基础。

第二，要以解决具体而实际的问题为目标。

第三，将知识服务在问题解答中的最大价值效益发挥出来。

（二）高校图书馆学科知识服务

高校图书馆学科知识服务就是将学科馆员制度与知识服务相结合。它按照学科专业领域将人力和资源相结合，是一种提供专业化知识服务的方式。

鉴于知识服务的定义，高校图书馆学科知识服务的含义可以被界定为：基于图书情报知识以及学科馆员的专业知识，进行用户知识的选择、获取、吸收、利用、创新，并在此基础上对相关学科专业知识进行搜寻、组织、分析、重组，为教师和学生提供所需专业知识的服务。

高校图书馆的竞争服务必须与学校学科紧密结合。科学研究和教学人员在同一研究领域，其科学环境、知识结构、心理特点、研究习惯、实践和行为等方面具有类似的作用。因此，高校图书馆的优势被“学科化”的知识服务模式充分发挥出来。

高校图书馆知识服务的中点是构建一个有效、完善的高校图书馆学科知识服务模式，与此同时，这也是提高高校图书馆知识服务能力所迫切需要解决的问题。

二、高校图书馆学科知识服务系统的构成

（一）学科知识服务用户

知识服务用户的另外一个名字叫知识受众，是指通过知识媒介接受知识、获取知识的人或组织。高校的教师和学生是高校图书馆学科知识的主要用户群体。

在所涉及的知识服务系统中，知识服务的使用者不仅仅是知识产品的接受者和消费者，与此同时，他们还是知识服务的怂恿者与激励者，并很有可能成为未来知识的提供者和创造者。高校是各学科领域专家和学者的汇集地，这些专家和学者是知识创新的主力军。

（二）学科馆员

学科管理员在整个学科知识服务过程中都处于核心地位。

首先，在整个学科知识服务过程中所处核心位置的是学科管理员。

其次，学科馆员需要具备综合能力，例如，相关学科的专业知识以及娴熟精通的图书管理业务能力等。

再次，从某种层面上来讲，学科馆员可以算是知识消费者的先驱，在对问题进行更深入的理解的基础上，通过对相关学科专业知识的收集和利用，产生了具有自我体验和思维结果的新知识产品。

最后，学科馆员的作用是基于过去的简单公共信息资源为用户提供共同服务，全面地进行资源建设、合作服务、用户训练。

（三）信息资源库

图书馆的馆藏资源库、各种网络资源以及信息检索系统等，是目前信息资源库所包含的内容。

信息资源库主要含有以文献、事实、数据等人类显性知识为主的海量信息，对其进行组织管理的过程可称为信息管理。信息资源库可以按学科分类来组织和管理信息资源。

图书馆在信息管理方面的理论与实践已经相对成熟。信息资源库中的显性知识是学科知识服务的素材和基础。

随着对知识组织、知识挖掘、知识发现、知识揭示、智能技术等各方面研究的不断深入，统一的信息资源库将向着包容隐性知识在内的知识库的方向转化。

（四）学科知识库

对于高校图书馆而言，其知识服务与信息服务的主要区别在于学科知识库，同时它也是学科知识服务系统中不可缺失的一部分。

学科知识库中的知识包含了学科馆员在解决知识服务利用者提出的问题的过程中探索到的显性知识，学科馆员运用自身的隐含知识以及从信息资源库中获得的显性知识，包含能够解决用户特定问题的新知识产品或知识成果。

这些知识被捕获、输入知识库，并经过处理、评价和排序，形成知识库的主体，为新用户提供知识，或在适当的时候进一步加工，形成新的、更高层次的知识产品。学科知识库与其他知识库的区别在于，它们的内容严格按照学科分类进行组织。高校也可以根据自身的专业优势建立特色学科知识库。

三、高校图书馆学科知识服务模式构建

（一）明确用户提问，确定用户需求

用户提问由图书馆学科知识服务平台进行受理，且该平台将用户所提出的问题进行性质、学科范畴归类，向相关学科的工作人员推荐用户，或是让相应的学科馆员处理用户所提出的问题。学科馆员想要明确用户所提出的问题，就需要与用户做进一步的交流，这样便可以挖掘用户深层次的潜在需求，或是清楚分析出用户的真实需求。由此见得，学科馆员通过与知识用户进行深入交流与沟通，填补了计算机系统不能满足用户模糊需求的服务缺陷。

学科馆员可以尝试探索用户无法表达、潜在或不明确的需求，从而引导知识使用者清楚地理解和表达自己的需求。学科馆员与用户的有效沟通是制定知识服务策略和选择知识服务工具的基础和前提。

（二）知识服务用户的意见反馈

知识用户在获得学科馆员提供的知识后，有必要给予知识服务反馈。如果满意，服务就会结束；反之，若不满意，学科馆员需要进行再次查询，保持交流和提供服务的进程。

用户反馈是评价学习服务质量的指标之一。学科知识服务体系的建立、运行和完善，都需要相关对象对其进行反馈。

（三）学科知识库的管理

对知识服务用户来说，获得令人满意的答案意味着知识服务的结束，然而，对于整个学科知识服务体系来说，另一个重要的环节是积累由服务生成

的知识记录，整理好顺序，按学科门类组织形成知识库。

随着学科知识服务范围的扩大、服务对象的增加、学科的不断细化以及方法的深化、变化，学科知识库中的内容也得到了间接的增加、完善、更新和优化。从某种意义上讲，这些工作是对学科知识库的管理和组织。

学科知识服务是高校图书馆的一种新的服务模式。在此基础上，采用先进的信息技术和网络技术，为高校图书馆用户提供知识化、专业化、个性化的综合服务，最大限度地满足了科技自主创新的要求，最大限度地满足了高校师生的个性化信息和知识需求。因此，学科知识服务是高校图书馆知识发展的必然趋势。

第四节　高校图书馆信息共享服务模式

一、信息共享空间的目标与原则

（一）信息共享空间的目标

①为满足用户的信息需求以及学习需求，提供个性化、一站式服务，用户有权自由选择和获取硬件资源、软件资源、多媒体资源和网络信息资源，使图书馆的资源优势充分发挥出来。

②提高用户检索、评估和使用信息的能力，从而提高用户的信息素养。

③用户能够从图书馆工作人员、计算机专家以及多媒体操作者那里接受各种援助和咨询服务，能够在信息共享空间的工作人员的指导下进行学习和研究。

④注重集中学习或研究，使用户相互合作，提供良好的学习、研究和沟通的空间。

（二）信息共享空间的基本原则

1. 需求动态性

随着网络时代的发展，以及人类价值观念的转变，图书馆用户对信息的需求也呈现多元化动态发展趋势，这也代表了用户信息意识在进一步增强。

首先，用户获取信息的途径较为多元化，除了自己查找、借阅之外，大多数情况下会依赖馆员的主动传递。

其次，随着时代的进步与发展，单一的知识服务已经无法满足用户的需求，因此，就需要利用信息共享空间对用户信息需求做出及时反应，采用先进的信息服务技术来满足用户的动态需求。

2. 服务集成性

信息共享空间是图书馆中研究、教学、学习和消遣的场所，应该为用户提供集参考咨询、多媒体服务、研究型服务和技术服务于一体的集成信息服务。用户通过集成服务机制“一站式”地获取所需信息，并以最小的代价在最短的时间内获得所需信息。

3. 知识共享性

信息共享空间能够满足用户的个性化信息需求，为用户提供能够协作和自由交换信息的共享平台，这在传统图书馆服务中是不存在的。在这样协同工作的空间中，用户可以通过直接与用户、工作人员、技术专家进行交流获取信息，也可以利用信息共享空间中配备的各种信息设备，获取网络信息资源。它是用户获取知识、共享知识以及进行知识创新的重要场所。

二、面向集成服务的信息共享空间的构建

（一）信息共享空间的战略规划

以对各相关部门的整体进行优化的方式来提供服务功能，是信息共享空间提供的信息服务模式理念。那么，要想使各相关部门的整体得以优化，就需要在战略规划上多重视各相关部门间的相互合作，将各相关部门的组织管理层次减少，使组织机构体系逐步呈扁平的网状管理结构，以促进部门之间的沟通和协作，使高校图书馆的管理工作更加高效化。

（二）信息共享空间的构建要素

1. 物理空间

在信息共享空间中，重要的是为用户提供物理空间以进行舒适的学习和沟通。物理空间可以是一个多媒体的电子教室，一个小组交流讨论室，一个提高研究水平的咨询区，一个独立研究室，等等。

在构建物理空间的过程中，需要考虑到不同用户的信息需求，因为每个人都有属于自己的学习方式以及习惯。国外一所大学图书馆的工作人员，根据用户需求的不同以及用户所处环境的不同，对物理空间进行了以下的划分。

（1）第一空间

该空间主要是指基于无计算机环境下的个人空间，该空间是适合不受任何干扰的个人进行学习、阅读、思考的空间。

（2）第二空间

该空间主要是指基于有计算机环境下的个人空间，该空间是适合个人利用所需电脑或是无线网络进行单独学习的空间。

（3）第三空间

该空间主要是指基于无计算机环境的、集体的空间，换言之，集体成员可以越过计算机进行面对面的交流、讨论。

（4）第四空间

该空间主要是指基于有计算机环境的、集体的空间，换言之，集体成员可以使用计算机进行相互间的交流。

在上述的空间种类中，第三空间可以说是最重要的一类，它可以为诸多用户提供较为适合、和谐的工作或是学习环境。

2. 人员

众所周知，人员是信息共享空间构建中不可或缺的一个重要因素。以下是信息共享空间人员构成的主要内容。

①信息技术专家。主要为用户提供计算机软件、硬件以及网络技术方面的支持。

②参考咨询馆员。主要为用户解决资源使用方面的问题。

③多媒体工作者。主要为学生提供多媒体制作的指导，为教师研发更为优质的多媒体教学软件。

信息共享空间的服务模式对人员的素质提出了更高的要求，这不仅要求员工具备与自身服务相关的技能，而且还需要具有较强的学习能力、理解能力和实践能力。随着信息技术的发展和用户的需求，用户应该能够不断更新自己的知识结构，提高服务水平。高校图书馆可以定期组织一些相关的培训活动，使人员的综合素质得到不断提高。

3. 信息资源

除了提供传统的馆内资源外，信息共享空间必须具备丰富的电子资源、专业数据库、多媒体文件以及网络等信息资源。

（1）硬件方面

信息共享空间不仅提供电脑、通信设备，还提供复印机、打印机、扫描仪、照相机、投影仪等外围设备。这些都是硬件设施。配置在物理空间的各种舒适的桌子、椅子、沙发等家具设施和宽敞的休息室也是其所包括的硬件设施。

（2）软件方面

需要提供电子资源软件，同时也需要提供种办公软件和多媒体播放软件。

（3）人员方面

信息交流区工作人员应不断更新电子资源，并根据用户的实际需要，建立灵活的设备设施，以确保信息交流空间成为一个重要地点。

（三）信息共享空间的效果评价

在构建信息共享空间之后，最重要的步骤就是对这一服务进行评价，建立起以用户为中心的信息共享空间服务质量评价体系，保障信息共享空间的有效运行。

具体方式可以是向用户发放反馈表格，进行网上调查，或是两种方式结合，正确地了解、分析和评价用户对服务的感受和要求；也可以采取收集人员培训结果和信息共享空间工作人员在实际工作中的切身体会等方式。

根据评价结果，可以发现服务中存在的不足，从而不断改善服务设施，改进工作方法，提高服务质量，更好地满足用户的需求。

三、对我国高校图书馆构建信息共享空间的指导

（一）我国高校图书馆构建信息共享空间具备的条件

通常情况下，“以用户为中心”“以馆员为中心”和“以资源为中心”是高级机构图书馆发展的三个重要阶段，而每个阶段的发展都是为了给用户提供更好的信息服务。在此过程中，需要以各图书机构的不断发展和进步作为信息共享空间建立的先决条件。

1. 在资源建设方面

高校图书馆应将传统馆藏资源以及网络信息资源进行相应的扩张建设，尤其是对网络信息资源的建设，应向教员以及学生提供国内外期刊数据库、参考咨询服务、光盘数据库等。这在某种程度上打破了传统图书馆对地域空间的限制，使更多的网络信息资源实现了共享，带来了信息服务的网络化。

2. 在馆员素质方面

为了使教学、科研以及社会对信息的需求得以满足，高校图书馆鼓励馆员用自己的技术、知识、能力等，为用户提供适应时代需求的信息服务，与此同时，在对馆员的全方面培养制度中提出了“学科馆员”“信息导航员”“知识型馆员”等相关概念。

近些年来，清华大学图书馆，北京大学图书馆、武汉大学图书馆、西安交通大学图书馆等知名高校图书馆相继试行了这种以特定师生文献需求为中心的“学科馆员”制度，效果很好，深受师生欢迎。

3. 在面向用户服务方面

大多数高校图书馆已经意识到，他们应将用户的信息需求作为服务的核心，为用户及时提供有价值、专用的信息。

（二）我国高校图书馆构建信息共享空间存在的问题

1. 在理念方面

部分高校图书馆没有意识到自身建设在高校整体发展中的重要性。国外的经验表明，高校图书馆并不只是提供各种信息的检索机构，应该在学校的教学和科研创新活动中有所作为，这不仅是高校发展的需要，也是图书馆自身发展的需求。所以，高校图书馆应抓住这个机遇，积极参与到全校师生的教学和科研活动中去，为他们提供能够进行知识创新的信息共享空间。

2. 在管理体制方面

现阶段大多数高校图书馆仍然沿用传统的管理方式。随着市场经济的发展，高校图书馆也应加入市场竞争机制中，在机构上科学地划分各部门的权限，明确行政与业务的关系，为业务建设提供行政服务，激发各部门的积极性。

（三）我国高校图书馆构建信息共享空间的策略

1. 注入信息共享空间的理念

在图书馆的建设和管理过程中，分享信息空间的概念已成为图书馆发展的一个必然趋势，目的是在一般用户之间交流信息。信息共享空间为自主学习、团队讨论和集体研究提供了信息和空间，以激发用户的兴趣并实现知识创造。

2. 制定信息共享空间的规划

由于我国相关理论指导并不完善，还存在诸多问题。因此，在制定规划时，除了将自身已经具备的一些硬件和软件充分利用上以外，还需要借鉴国外信息共享空间的实践，并根据图书馆的实际情况以及用户利用图书馆的行为特点，最终制定出符合图书馆用户需求的战略规划。由此可见，信息共享空间规划对于图书馆信息共享空间的建设具有重要的指导意义。

3. 构建合理的信息共享空间服务体系

在新的技术以及学习环境的驱使下，传统的高校图书馆服务已经不能满足于用户的需求，因此，高校图书馆必须不断紧追时代的脚步，勇于创新，才能更好地适应时代发展。信息共享空间作为一种面向用户的信息服务模式，是高校图书馆服务模式的创新，也为高校图书馆的发展提供了良好的机遇。

综合考虑信息共享空间的四个构建元素，无论物理空间，还是资源、服务，以及人员的设置，都要进行其内容的合理分配，针对不同的用户设置规模大小不同的物理空间，与此同时，根据用户的需求提供多种服务的交流场所，实现虚拟空间与物理空间的结合。

第五节　高校图书馆信息服务模式综合体系构建

一、书刊借阅服务模式

（一）书刊借阅模式概述

关于书刊的借阅模式主要有两种，一种是自主借阅服务模式，另一种是人工借还服务模式。

1. 自助借阅服务模式

用户无须工作人员的帮助，可自行按照相关提示完成整个文献阅览或是外借的手续，这便是自助借阅。自助借阅的地点相对来说是比较宽泛的，可以在馆内实施，也可以在馆外实施，它是一种管理制度。

据相关统计调查，现在大多数图书馆都为用户提供自助复印机、打印机，用户如果有所需求，只需投币便可以自己复印、打印，整个过程极其方便。

基于对读者的尊重与信任，新的借阅模式充分发挥了高校图书馆育人的教育功能，进一步培养了读者的主人翁精神，使读者与图书馆的距离被拉近，并体现了高校图书馆“以人为本”的服务理念。

2. 人工借还服务模式

人工借还服务模式是指用户在图书馆进行阅览以及书刊外借的过程中，需要相应的工作人员以及部分半自主设备的帮助，才能成功完成图书的整个借还过程。

（二）借阅服务比较

1. 借阅方式

以往各图书馆实行半封闭的借阅模式，整个图书馆只有一个进出口，并安装出入控制设备，在旁边设置一个综合工作表，负责记录所有图书的借阅、还款、续借、预订和读者咨询。

现在图书馆实行开放式的借阅模式，读者只要扫描图书证后就可以带自己的书或书包进入，不受任何限制。并且读者可以自由地将书架上的图书带到图书馆的任何一个地方阅览学习。

2. 人员岗位

书库、阅览室各自为战的格局状态被门禁管理的实行打破了，工作人员的工作岗位也调整了。在确保整个工作台工作人员配备均衡的条件下，对从事借还工作的人员数量进行了缩减，图书馆和阅览室的大部分工作人员将被投入到书库巡视、书架管理、参考咨询等工作中，部分专业图书馆员也能充分发挥自己的专业优势，从事更深层次的服务工作，如图书导读、新书推广、参与学科建设、资料汇总等。

高校图书馆人员岗位的变化，间接推动了整体服务工作的细化，并使服务项目得到了完善，有效抑制了低效率的事务性工作，与此同时，促进了管理服务的工作水平以及效能。

3. 馆藏文献防盗磁条要求

对购进图书使用永久磁条是图书馆旧的借阅模式的特点之一，这种模式对用户借阅图书来讲是较为麻烦的，因为被永久磁条附着的图书，在借出状态下是不能被带入书库的。单单从这一点上，门禁管理系统就比永久磁条要方便得多，因为当用户借出某本图书时，也可以将其带入图书馆。

二、点对点服务模式

（一）传统到馆借阅服务模式

图书馆的传统借阅方式包括阅读书籍和期刊、复印文件、借阅纸质书籍等，但这远不能满足图书馆用户的需求。在某种程度上，它限制了用户进入实体图书馆的热情。高校图书馆服务平台的变革和发展是顺应时代潮流的，它经历了以下三个时期：图书馆时期、计算机平台时期、移动网络平台时期。

（二）新兴移动服务模式

针对高校图书馆的服务模式而言，移动服务方式是目前较为流行的一种。随着移动信息服务被普遍使用，移动图书馆的服务模式开始被广大用户所接受和认可，移动用户以无线接入方式接收由手机等移动终端提供的服务。

国外大部分图书馆目前都已经有了新兴的移动服务模式，且他们对该服务模式有了较为深入的研究，并已初具规模。

三、主动推送服务模式

图书馆员在传统高校图书馆信息服务中扮演着“中介”的角色，它是搭建高校信息资源与用户资源的桥梁。用户根据自己所需的相关内容进行书目的选择，图书馆员根据图书馆馆藏实际情况和用户的需求来提供相应书籍。这是一项丝毫没有技术性和反馈信息的服务方式，用户需要什么，图书馆就提供什么，久而久之，它就掩盖了用户与图书馆的信息需求矛盾，用户不知道图书馆真实的馆藏情况，图书馆对用户阅读习惯也是一无所知，从而直接影响并延误了文献的更新速度以及维护的最佳时间。

大数据环境下，图书馆积极开展信息定制与主动推送服务，以用户为中心，根据用户习惯及以往需求预测并分析用户的潜在需求，定期通过电子邮件、短信等途径主动向用户介绍图书馆的最新服务动态和最新馆藏资源情况，推荐本馆的最新信息服务，并时刻接收用户实时反馈的信息，对服务效果的反复评估做出理性反应，改善服务模式。

四、学科信息门户模式

学科信息门户，是一种新型的网络信息资源服务模式，它根据特定用户需求，运用多种技术手段，将特定学科或主题领域的信息资源等进行加工处理与整合，为用户选择质量高、专业性强的信息资源，同时为用户提供浏览、检索、导航等增值服务的专门性知识。当用户对某一学科领域内的信息资源有需求时，图书馆按照一定的资源选择标准，针对特定学科或主题领域，通过灵活整合和组织，对馆藏资源和网络资源进行检索和选择、组织，为用户提供有针对性的文献信息服务，并在此基础上支持个性化集成定制服务。

学科信息门户作为获取专业信息资源的方法，具有以下特点：专业性，针对特定的专业领域；集成性，将专业内的各种信息资源集中整合到一起；可靠性，资源的选择来源是及时可靠的；知识性，根据知识的内容及其相关体系来进行有效检索整合。当然，现有的学科信息门户还存在一些不足，如学科信息门户个性化实现程度不高，用户的个人资源无法共享，学科信息门户和用户之间缺乏互动等问题亟待改进。

信息服务是学科信息门户存在的首要目的。构建学科信息门户的根本目标是为用户服务。传统学科信息门户从信息服务模式上看存在缺陷，服务手段有待改进。而随着技术的发展，个性化和参与互动化特征使网络信息服务模式发生了改变，信息服务模式正在由“拉”向“推”模式转变。因此，在新的网络环境下的学科信息门户是运用新的信息服务模式来构建更符合用户需求的，专业性、知识性更强的集成服务模式。

五、联盟服务模式

（一）自助式移动图书馆联盟服务模式

自助式移动网络图书馆联盟服务，针对首次进入图书馆联盟的用户，系统将提示用户进行终端选择以及用户注册，未注册的用户也可以进入联盟内自行查找所需信息，以应对紧急情况下对信息资源的需求。

（二）互助式移动图书馆联盟服务模式

用户在进入移动图书馆联盟时，首先选择所用终端设备，系统将根据进入端口方式对用户进行分类，有针对性地对用户提供服务，用户也可根据进入方式设置适合自己的用户界面。移动图书馆联盟信息服务平台为具有明确而具体的信息需求的用户提供了多种信息服务方式。

对于信息需求尚不十分明确，或是对某一学科领域信息具有持续需求的用户，可以经由检索帮助，辅助用户明确检索需求，确定关键词和检索式，帮助用户迅速检索到相关问题及问题的解答。也可运用移动信息定制与生活咨询服务，根据自己的兴趣定制信息资源，信息人员根据用户主动提供的兴趣信息，定期进行检索并将最新的检索结果推送给用户。

深层次的信息推送服务主要是通过对用户兴趣信息的挖掘，发现用户可能感兴趣的主题，然后以此作为依据对信息资源进行进一步的组织与加工，最后推送给用户。不仅如此，系统还会根据用户模型中关于日常生活兴趣、偏好和行为的描述，进行前瞻检索，为用户提供其可能感兴趣的信息。推送方式有最常用的短信提醒，以及电子邮件接收等。

当信息用户无法准确选择信息服务功能，或者图书馆联盟所提供的服务功能不能够满足或解答用户问题时，信息用户可以选择专家咨询的方式直接与信息服务人员进行交流，由信息服务人员直接提供其所需的信息资源或问题解决方案并在第一时间运用移动信息定制服务对其进行提醒。这就要求信息服务人员明确用户提问，确定用户需求，并且快速分析用户提问，制定服务策略并选择服务工具，提供专业的信息咨询服务。

移动图书馆联盟系统会定期向信息用户发送信息反馈提醒，分析现阶段信息用户对资源的需求情况以及联盟的运用情况，定期维护并完善联盟信息资源库，满足用户所需信息资源。

综上所述，移动图书馆联盟信息服务平台中提供的多种服务功能能够使信息用户在信息服务系统的辅助下直接快速地获取自己所需的信息资源。要想使移动图书馆联盟能够顺利且广泛地在信息用户中运用，就需要将图书馆联盟资源的共建共享充分发挥出来。

第八章　大数据环境下高校图书馆信息服务转型的馆员队伍建设

大数据环境给现代高校图书馆在信息服务等方面带来了极大的变化。因此，对于图书馆员来说，传统的工作方式和要求已经不能满足信息服务转型过程中高校图书馆的工作要求了。因此，必须要结合大数据环境和信息服务所提出的新的要求，加强对高校图书馆馆员队伍的建设。本章主要从信息服务素质要求、高校图书馆员队伍建设策略、高校图书馆员管理制度建设三个方面进行研究。

第一节　高校图书馆馆员的信息服务素质要求

一、高校图书馆馆员队伍建设的基本情况

由于种种历史客观原因，大部分人对图书馆的了解还停留在“藏书楼”和“阅览室”以及借书、还书的传统图书馆的印象阶段。忽略了在大数据背景下，新技术、新媒体的飞速发展给图书馆带来的巨大变革。也正是因为网络的无处不在和媒体的丰富多彩，使得人们获取信息资源和满足阅读需求的渠道变得多样化，手段变得更加便捷高效，图书馆已不再是人们获取信息资源和满足阅读需求的唯一场所。图书馆在人们的视线中渐渐远离，导致人们对现代图书馆缺乏基本的了解。高校图书馆则更多地成为众人眼中的二线清闲机构，被定向为“养老”的地方，甚至成为安排校内各单位“淘汰”人员和领导亲属的安置机构，而没有被放到为教学科研提供优质服务的这个高度上来。

近年来，图书馆员队伍素质整体上虽有所提高，但因进馆的时间、渠道等历史原因，馆员队伍的年龄结构、学历结构、学科结构、专业知识结构、职称结构参差不齐，发展不尽合理。

从年龄结构看，整个馆员队伍出现两头多、中间少的现象。即50岁左右的资深馆员和35岁以下的年轻人较多，而35～45岁的馆员偏少。从学历结构看，专科层次居多，本科也大多为第二学历进修的结果，研究生以上学历较少，且绝大部分为近五年招聘的应届毕业生。从学科结构看，具有传统学科背景的人员相对较多，比如数学、物理、语文等基础学科，机械工程、经济管理等应用学科。在高校中，这部分馆员大多是因为学校办学专业的调整和课时的减少，从一线教师退下来到图书馆的。而一些社会上热门的专业、学校重点发展的专业，在图书馆员队伍中则相对较少。从专业知识结构看，图书情报学人才比例偏低，且大部分图书馆都缺乏计算机方面的专门人才，尤其是具有跨学科教育背景或专多能的复合型人才严重短缺。馆员安于现状，自我投资意识薄弱，馆内缺乏学科领军人物，不注重继续教育，疏于对热门学科、重点学科发展前沿和最新动态的了解。因此，大部分图书馆馆员队伍的知识结构老化较严重，缺少活力和新鲜血液。从职称结构看，高级职称，尤其是正高级职称占比很小，经验丰富的业务骨干、高层次人才相对匮乏。人才引进培养机制、职称评审途径需要进一步完善。

二、大数据环境下高校图书馆员的角色变化

（一）参考咨询馆员

针对读者在知识、文献、情报获取等方面的需求，图书馆员通过检索协作、咨询解答、专题文献报道等形式向读者提供相关的文献资料、数据或线索，这就是图书馆所提供的参考咨询服务，负责这一服务的馆员即为参考咨询馆员。对于高校图书馆来说，参考咨询服务是其发挥文献资源开发利用与图书情报职能的重要手段。从实质上来说，参考咨询服务就是依托图书馆的文献资源，对个别用户的需求进行解答与满足，向用户提供所需的特定文献的一种服务。从特点上来说，参考咨询服务具有针对性、治理性、服务性等特点。

（二）复合型馆员

随着科学技术和社会经济的飞速发展，读者对参考咨询的需求越来越多，涉及的学科领域越来越广，服务层次越来越高，知识内容越来越前沿深入。因此，读者对于知识信息的参考咨询，也从过去某一专门的、单一的知识向综合性学科知识发展。这种综合性信息需求的发展，也给图书馆馆员在素质上提出了更高的要求，也即向复合型馆员的方向发展。所谓的复合型馆员，即馆员具备多元化的复合知识结构，除了具备图书馆专业的知识外，还应熟

悉其他学科的理论与专业术语，了解各学科间的关系，掌握相关的边缘学科、交叉学科的一般知识。同时，图书馆员还应具备在大数据环境下检索文献的专业能力，包括计算机检索技能、外语能力、沟通能力等。只有具备了复合型的知识结构与技能，图书馆馆员才能够更好地与读者进行沟通与交流，准确地满足用户的信息需求，提供高质量、高效率的知识服务。

（三）学科馆员

在高等院校、科研院所，经常需要做一些学科前沿的探索和专业性很强的科学研究项目，读者对文献信息需求的专指性越来越强。而在信息时代下，面对数量庞大且不断增长的信息资源，用户在获取自己所需的信息资源时，由于信息资源的数量过于庞大，用户容易迷失在信息的海洋中。因此，就需要图书馆员以其专业素质和技能，为用户提供学科咨询服务，满足用户对于专业性较强、层次较深的学科知识的需求。作为学科馆员，其必须要精通一门以上的学科知识，具备在精通的学科领域开展全面的业务工作和参考咨询服务的能力。也就是说，作为学科馆员，应成为某个学科的文献信息专家，承担起该学科信息资源的组织者、传播者、导航者、教育者的角色。学科馆员承担的角色也说明，其除了要精通学科知识之外，还必须具备较高的信息素养、较强的科研创新能力和一定的教学培训技能。学科服务是图书馆参考咨询服务向纵深方向发展的必然结果，也是图书馆员能力提升的重要方向。

（四）信息服务馆员

当前的时代已经进入信息化和数字化的时代，现代的图书馆也正在朝着数字图书馆的方向不断发展。在数字时代，图书馆能够实现对社会各领域的广泛连接，既从社会中广泛收集各种信息资源，也向社会提供信息资源的共享。数字图书馆的用户通过网络即可实现对图书馆的访问。数字图书馆利用网络在文献资源的收集、用户访问等方面打破了时间和空间的限制。对于高校图书馆来说，在信息化时代下，高校的师生已经越来越习惯于利用网络开展学习和研究活动。但是，网络世界中的信息极为庞杂，如何准确获取自己所需要的信息资源，需要用户在检索和文献利用方面具备较强的能力。而开展各种类型、多种层次的信息服务正是高校图书馆和馆员的重要职责。此时，从事信息服务的图书馆馆员通常被称为“信息服务馆员”或“信息馆员”。

三、大数据环境下高校图书馆员的基本素养要求

（一）现代化的服务观念

传统高校图书馆的工作，主要就是对文献进行收集、加工和整理，并将组织起来的馆藏文献提供给读者阅读。因此，传统高校图书馆的读者服务就仅限于图书馆的场所以及本馆的馆藏资源，具有较大的局限性。而在数字化时代下，信息资源实现了数字化发展，数字资源成为高校图书馆文献资源的重要组成部分。信息化技术的发展，也推动着高校图书馆间以及与其他机构间的文献资源的共建共享，突破了自身资源的局限。高校图书馆馆员的工作与服务也突破了场地的局限。在网络环境下，高校图书馆馆员面对的是更为广泛的用户群体。同时，随着信息资源数量的不断增长，以及各种现代化工具和手段，高校图书馆员也能够为用户提供更为丰富和多样化的产品与服务。上述这些变化都要求高校图书馆员转变传统的服务理念，树立符合网络时代的信息服务观念。

（二）系统的图书情报知识

图书情报是高校图书馆的重要职能，因此，图书情报知识也是图书馆专业知识结构中的重要组成部分。无论图书馆怎样发展变化，文献的收集、加工、流通等环节的工作都不可能脱离图书情报知识。因此，数字时代的高校图书馆馆员也必须具备系统的图书情报知识，只有这样，其才能够胜任高校图书馆的专业工作。

（三）敏锐的信息意识

在网络时代，读者对信息的需求体现出多样性、实效性和时效性的特点，这就对信息服务馆员的信息意识提出了更高的要求。要能在海量的信息资源中准确地捕捉到有参考价值的信息，要具有洞察信息源的能力，辨认出未发掘的、前沿的、高质量的、符合用户需求的信息。高校图书馆馆员还应具备一定的信息分析、判断和重组的能力。在这一能力下，高校图书馆馆员可以利用收集的原始信息，或形成用于读者信息咨询服务的更高质量的信息资源体系，创造出更具价值的新的信息产品。另外，高校图书馆馆员要提高用户信息服务的水平，还应具备一定的发现和预测信息需求的能力，这就要求高校图书馆馆员对不同层次的用户进行持续的追踪，以便对各层次用户的目的和目标做到心中有数。

（四）基本的计算机和网络技术

在现代的数字环境下，图书馆的服务在资源上早已不再局限于纸质信息资源，在服务上也不再局限于面对面的服务。这种传统的服务在高校图书馆的服务中所占的比重也越来越少。对于数字时代的高校图书馆馆员来说，要想为读者提供更优质的服务，既要具备熟练的计算机应用能力，比如要熟练掌握利用计算机进行交流沟通、信息检索、信息获取和加工、传递各种媒体类型的信息资源的能力，还要有一定的网络技术，要对信息资源的分布，各工作系统的运行、维护有一定的了解。

（五）良好的沟通技巧

要为用户提供良好的信息服务，首先要能准确地了解用户对信息需求的目的、目标和对服务的心理预期，这些都需要通过面对面或网络进行反复多次的、良好的交流沟通，因此，娴熟的交流沟通技巧显得尤为重要。比如要能营造轻松的交流氛围，学会有效地聆听，具备良好的口头和书面表达能力等。能够迅速领会并抓住用户阐述的要点，能清楚地表达自己的观点并提出问题。

（六）较高的科技外语水平

在数字时代下，随着全球化趋势的不断发展，现代的读者对于外文资料的需求也越来越大，这就需要高校图书馆馆员具备一定的外语能力，能够对外文资料进行检索和阅读。若高校图书馆馆员的外语水平不足，那么就会造成其与国外信息资源之间的联系被割裂，也就无法满足读者对于外文资料的文献需求。高校图书馆馆员尤其要具有科技外语阅读翻译能力，并能开展外文科技信息资源深层次开发运用，这样也会给高校的教学和科研工作带来一定的积极作用。

（七）专业的学科知识背景

如前所述，随着读者信息需求的发展以及高校图书馆信息参考咨询服务的纵深发展，也要求高校图书馆员具备复合型的知识结构，除图书馆专业知识外，还应具备其他学科的专业知识背景，以满足用户日益提高的信息需求。

（八）一定的教学科研能力

为教学和科研工作服务是高校图书馆的一项主要职责，这也要求高校图书馆馆员具备一定的教学科研能力。馆员需要对自己负责服务的学科领域进行持续的跟踪，了解其发展趋势，并同对口高校和科研机构的相关人员就学科信息进行交流与讨论。馆员自身也应积极投入具体的科研工作中，利用自己搜集和掌握到的信息，为具体的科研工作服务。此外，馆员还应肩负起教学科研服务中的教育职责，对相关用户进行检索和信息资源使用的指导和培训，举办各类讲座、报告，向相关用户介绍高校图书馆的资源与服务。

第二节　高校图书馆馆员队伍建设策略

一、加强人才引进

（一）引进复合型人才

信息服务馆员不仅要有系统的图书情报专业知识、娴熟的交流沟通能力、熟练的计算机应用能力，还要具备多元的知识结构、广博的知识储备、良好的教学科研能力，才能更好地与读者进行有效的交流，为读者提供优质、高效的服务。因此，加大引进具有多元知识结构的复合型人才是信息服务馆员队伍建设的一个重要方向。引进的复合型人才可以是获得双学位的应届高校毕业生，本科攻读非图书馆专业的硕士或博士生。也可以面向社会公开招聘具有图书资料工作经验的非图情专业人才、具有企业工作经历和项目负责经验的计算机应用和网络技术人才。这样才能实现信息服务馆员队伍知识结构的多元化。

（二）吸纳重点学科专业带头人

图书馆不仅要提供全面广泛的信息服务，还要针对高等院校、科研院所、企业提供专业性、深层次的学科信息服务。因此，高校图书馆可以充分利用本校或对口科研院所的人力资源，采用调入、聘请等方式，吸纳重点学科专业带头人作为高校图书馆的学科信息服务负责人，加大高层领军人才的引进力度，深化信息服务层次的人才保障。

二、完善馆员培养机制

（一）明确培养目标

培养一批具有基本的信息检索和传递能力、娴熟的交流沟通能力，并具有良好服务意识的信息服务馆员，能够承担起大部分基础信息服务工作，比如开展代查代检、原文传递、读者需求调查、网上咨询等。选拔部分资深馆员和具有发展潜力的年轻馆员作为重点培养对象，着重培养其良好的信息素养、计算机应用、外语阅读等方面的能力，开展较深层次的信息服务，比如简报服务、信息推送、科技查新等。在此基础上，从具有硕士及以上学历或副高级以上职称的馆员中，选择有兴趣对某一学科领域进行研究的馆员，对其进行专门的培训，将其培养为该学科的信息服务专家。

（二）培养途径与措施

1. 馆内培训

随着图书馆数字化建设的不断深入，图书馆的一些传统岗位所需职数不断减少，有的甚至已渐渐失去存在的必要，应运而生的是许多与信息服务相关的新兴岗位。即便是传统的岗位，其工作内容、工作方法、技术手段也发生了巨大的变化。因此，图书馆内部要定期举办各种类型的短期培训班、学术讲座，对馆员进行新岗位、新知识的培训。鼓励并要求馆员利用业余时间、双休日、节假日参加各种馆内培训，不断完善知识结构，提高岗位技能，全面提升业务素质。图书馆内部培训可以是馆内具有较高专业技术职称或者在某领域具有专长的资深馆员担任培训讲师，也可以邀请图书馆界的知名学者、数据商、行业企业的专家举办各种专题讲座。比如，中国知网（CNKI）检索技能培训讲座、汤森路透的专利数据库使用讲座等。馆内培训具有针对性强、周期短、见效快、收获大、投资少的特点。

2. 馆外交流

图书馆要积极鼓励并组织馆员参加国内外各种学术研讨会议、课题报告、专题讲座等各种学术交流活动，通过研讨与同行及学科用户直接交流思想。了解图书馆在服务对象、服务模式、服务理念、服务功能、服务手段、技术更新等方面的发展变化，同时，也可以掌握各学科的专业知识、发展动态和趋势。通过馆外交流达到开阔视野，提高理论素养，不断提升信息服务馆员的素质与能力的目的。

3. 学科进修

根据馆员的学科专业结构，深化与高等院校、专业系部的合作，鼓励馆员跨学科进修深造。例如，针对图书馆专业教育背景的馆员，可以组织其接受本校重点学科专业的教育，并获得相关学科的学位证书，从而为高水平的学科服务馆员提供人才储备。

4. 远程学习

馆外交流和学科进修是培养信息服务馆员的综合素质的重要手段和途径，但参加的馆员人数受限，只有少数馆员能够外出交流、学习、培训。应该注意的是，在信息时代，计算机远程教育为信息服务馆员的培养提供了极为便利的条件。各地区图书馆应充分运用现代信息技术合作开展信息服务馆员的现代远程教育，搭建信息服务馆员继续教育的在线网络培训平台，建设内容多样、特色鲜明、科学实用的数字化课程资源，实现学分累计，建构基于网络教育的在线学习模式。创建利用现代远程教育手段开展大规模、多层次信息服务馆员培训的有效途径，构建适合信息服务馆员成长需求的学习保障体系，逐步建立起图书馆信息服务馆员在线人才培训基地。这样图书馆信息服务馆员的培训培养不再受时空限制，可以边工作边学习，做到随时可学、随需而学。各层次信息服务馆员都有机会在岗进行专业和技能的培训学习。

5. 参与科研

首先，图书馆应组织信息服务馆员积极参加国内外有关图书情报领域的学术研究活动，尽可能地为信息服务馆员提供研究、交流的机会。通过参加专业研究与学术交流提高信息服务馆员的学术科研水平，使他们的知识不断更新、深化，能力不断提高。其次，图书馆要为信息服务馆员创造良好的学术研究环境和参与科研的机会。鼓励信息服务馆员多阅读各种课题报告、综合文献，参与馆内外的科研课题，对于能力较强的信息服务馆员，鼓励其单独承担科研项目，促进理论与实践的有机结合，使信息服务馆员不断提高自身的学术水平和科研能力。

6. 终身学习

随着现代信息技术的不断发展，向数字图书馆的转型已经成为传统高校图书馆发展的必然趋势。相应的高校图书馆馆员也应向复合型馆员的方向发展。首先，图书馆要为每一位馆员建立完善的职业生涯规划，有目标、分步骤地为馆员安排终身学习的机会，培养馆员积极向上的思想素质，文明规范的职业道德，以及优良精湛的业务能力。为馆员提升自身价值、实现自我完善提供合理便捷的渠道和充足平等的机会。同时，对于处于转型期的馆员来说，其应树立起危机意识，认识到时代的发展对于传统的图书馆的巨大冲击，不适应时代发展的潮流，自己终将被淘汰，从而在内心认识到终身学习的重要性和紧迫性。馆员应树立终身学习的观念，根据自身的知识结构，制订学习计划，并持之以恒地自学下去。同时，在实践工作中虚心向同行、专家请教，刻苦钻研业务，扩展自身知识面，提升知识层次，进行经验总结，以提高自身各方面的业务和专业能力，加快提升自身多领域知识和技能的步伐。

（三）完善培训制度

高校图书馆如果把培训作为一种人人都可以享受的福利，那么，馆员就会觉得理所当然。当馆员形成这种意识后，就会缺乏对于接受培训的主动性和积极性，从而也就弱化了培训机会的激励作用，馆员的积极性就难以调动，从而就达不到培训的预期效果。

因此，对于高校图书馆来说，在馆员的培训上，可以将其与馆员个人的晋升相挂钩。馆员若想要得到晋升，就必须通过相应的培训，并通过考核。这样一来，不仅通过制度的规定，使馆员能够得到接受各种培训的机会，同时也通过与晋升制度的挂钩，对馆员接受培训起到一定的激励作用。

这就要求高校图书馆应加强对优秀馆员的培训，有重点地优先选择培训那些对高校图书馆事业做出过突出贡献的优秀馆员。通过对这些优秀馆员的强化培训，抓住高校图书馆的核心力量。他们的积极性、主动性和创造性得到调动后，就能很好地起到激励和带动其他普通馆员的作用。

第三节　高校图书馆馆员管理制度建设

一、激励机制

（一）激励机制概述

在我国，图书馆馆员相对教师和科研人员来说，在分配制度上相对处于劣势，待遇偏低。在图书馆内部，不同岗位之间待遇差别不大，信息服务岗位与普通岗位待遇一样，干多与干少一样，工作的质与量没有很好地在待遇中体现出来，使馆员工作积极性受到极大的影响。另外，高校图书馆长期被定位为教学科研的辅助单位，学术地位不高，职称晋升机会、途径缺乏。因此，高校图书馆的人事管理部门必须要建设和完善相关制度，将图书馆馆员的技术性、复杂性和不可替代性作为其收入分配的重要依据，提升高校图书馆馆员的岗位待遇。同时，还应完善高校图书馆馆员的职称与晋升制度，从而使馆员在工作中获得更高的成就和满足，使他们能够以积极的心态投入到长期的高校图书馆工作中，专心为用户提供更高质量和水平的信息服务。总之，高校图书馆必须要建立起完善的激励制度，通过各种方式的激励，建立起充满活力、积极进取的图书馆馆员队伍。

（二）激励机制建设的原则

1. “以人为本”

高校图书馆在激励机制的建设上必须遵循“以人为本”的原则。只有做到了“以人为本”，激励机制才能够真正充分发挥作用。

要实现激励机制的“以人为本”，就需要做到以下几点。

①尊重高校图书馆员的权利，树立馆员的主人翁地位。

②对高校图书馆员实行民主管理，让馆员参与到图书馆的决策中来。

③切实关注馆员的利益，解决馆员的实际需求。

④将馆员的发展融入高校图书馆的发展目标中。

总之，高校图书馆在激励制度的建设上，必须做到对图书馆馆员真正的关心、关注与尊重，通过各种激励条件的创设，促进馆员实现全面发展。对于馆员全面发展的实现来说，一方面馆员的类型是不同的，另一方面，馆员在不同的发展层次和阶段也有着不同的需求。因此，只有综合以上两个方面，对馆员的需求状况进行全面的分析，并广泛吸取每个馆员的意见，实现馆员对图书馆事务的民主参与，才能够建立起公平公正、科学合理、真正实现馆员全面发展的激励机制，充分激发馆员发展的主动性和积极性，使馆员个人的潜能得到最大限度的挖掘和发挥。

2. 差别激励

对馆员进行激励，最主要的目的就是要提高馆员的工作积极性。对于馆员来说，个体间的差异使得不同的馆员有着不同的需求。因此，针对这种情况则应选择不同的方式才能实现有效的激励。也就是说，激励制度的建设必须以差异为原则。只有差别的激励才是合理的，同时也更具针对性，能够更好地使激励发挥作用。

高校图书馆馆员个体间的差异主要表现在受教育水平、道德修养、性格、三观等方面，同样的激励制度应用于不同的人所发挥的效果是不同的，对于有的馆员能够起到激励作用，对于有的馆员可能起不到激励作用。因此，在激励制度的建设上，必须做到差别激励。

对于年轻的馆员来说，其通常具有较强的自主意识，对于工作环境和条件的要求也较高；而中老年馆员随着年龄的增长，较为注重稳定，在工作中通常会表现为安于现状，其在情感、荣誉等方面则有着较高的追求。对于高学历的馆员来说，由于其知识水平较高，因此其在工作中更加注重的是自我价值的实现与高层次的精神需要的满足；而学历较低的馆员的追求层次则相对较低，主要是对物质上的基本生活需要的满足。

因此，高校图书馆在制定激励机制的过程中，必须对不同类型的馆员的特殊需求进行细致的分析，并针对不同类型的馆员，制订满足个体需求差异的、多元化的激励机制，只有这样才能够使激励机制发挥最佳的效果。

（三）激励机制的类型

1. 荣誉激励

荣誉激励是以马斯洛需求理论为依据的一种激励机制。根据该理论，人的需求被划分为五个层次，其中自我实现是人类最高层次的需求。因此，可以说荣誉激励是激励机制中的终极措施。所谓的荣誉激励，就是以制度的形式将员工的工作业绩与晋升和评优挂钩。当馆员的工作业绩达到一定的标准后，单位赋予其一定的荣誉，而荣誉的获得会使员工感到得到了肯定，感觉自我价值得到了实现，从而获得精神上的满足。因而在工作中，馆员就会保持愉悦的心情，工作效率也会更高。

通常，荣誉激励所采取的措施有颁发荣誉证书、评选优秀个人、设立各种优秀奖项，并通过大会、新闻报道等对荣誉获得者进行公开的表彰。同时，还可以为荣誉获得者提供奖金、旅游等物质奖励。

对于优秀馆员的荣誉激励，不仅能够满足其自我实现的价值需要，同时也能够在馆员队伍内树立典型，对其他馆员带来积极影响，激励他们朝着优秀馆员的方向发展和进步，在馆员队伍内形成积极向上的氛围。

另外，针对馆员队伍中安于现状甚至不求上进的一些馆员，管理部门也应对其采取一定的激励措施，要善于发现这类馆员的优点，使他们在进步中获得尊重，满足他们的精神需要。这种激励也有利于管理层与馆员之间的情感沟通与交流，对于馆员队伍整体素质的提高也是有益的。

2. 成就激励

成就激励是根据美国社会心理学家戴维·麦克利兰的成就动机理论发展出来的一种激励类型。根据麦克利兰的理论，人类除了基本的生存需要外，还有更高层次的需要，具体来说，人类的高层次需要主要有三种，即对成就、权利与友谊的需要。成就是人类的高层次需要，这就为成就激励提供了理论基础。

所谓成就需要，就是人类希望获得成功并做到最好的一种需要。具有强烈成就需要的人，往往对于工作具有较强的内在动机，他们希望能够提高工作效率，提高工作完成的质量，以在工作中获得更大的成就。他们追求的是通过奋斗战胜一系列困难并最终获得成功，其并不在意成功后所获得的物质奖励，而在意战胜困难获得的乐趣和最终成功获得的成就感。

行为科学理论也对激励进行了研究。根据相关研究，只有尚未被满足的需求才能够起到激励的作用，而那些已经得到满足的需求，只能够提供一种满意感，并不能起到激励的作用。因此，对需求得到满足的期望，才真正具有激励作用。

因此，通过上述研究可以知道，成就激励实际上来自人们对于实现自己尚未实现的成就的期望。对于高成就需求的人来说，其更希望能够依靠个人的力量承担责任、解决问题。如果困难是通过客观情况的变化，而不是通过其个人努力解决的，其所获得的成就感也会减少。

高成就感者还善于在工作过程中不断对目标进行调整，以使自己所确定的目标是通过自己的努力就能够达到的，并通过达到预定的目标来获得成就感的满足。因此，对于高成就感者来说，其所希望的是能够使自己对于工作的贡献占更大的比重，在业绩上能够超过其他人，从而获得更大的满足感。高成就感者通常希望能够及时了解自己的工作情况，渴望得到管理者的肯定。正是在这种期望下，高成就感者产生了更高的工作成就的追求，且期望越强烈，激励的作用也就越大。管理者必须要及时对工作结果进行反馈，以及时地根据工作结果对优秀员工进行褒奖和激励。

每一位高校图书馆员都有自己相应的工作目标、任务和责任。对于高校图书馆的管理者来说，首先要做的就是对馆员的岗位进行明确，使其认识到自己是这一岗位不可缺少的成员，图书馆每一项工作的完成、成就的取得，都包含着自己工作的贡献。这样一来，就能够使馆员产生成就感，并为了实现自己的成就追求而不断努力工作。

高校图书馆的业务范围较为广泛，因此，不同的部门和岗位的工作情况也各不相同。因此，对于成就激励来说，高校图书馆首先需要建立起一个科学、合理的业绩平台，使馆员对业绩有一个较为明确的了解和期望，以激发馆员的成就感。再来就是要根据岗位的不同，合理地进行分配，对业绩突出者给予一定的奖励，对于业绩较差者，则给予一定的惩罚，从而使业绩突出的馆员，通过分配的差异，获得成就感的满足。

3. 目标激励

所谓的目标激励，就是通过制订适当的目标，以目标引起人的动机，对人的行为进行引导，从而使成员个人与组织整体在目标上紧密结合，以此对组织成员进行激励。

所谓的目标，就是一种通过努力所期望达到的结果。确定的目标通常是外在的，其既能够对人的需要产生刺激，也能够满足人的需要。心理学领域也对目标进行了研究。在心理学的研究中，目标被称为诱因，其功能就是对目标个体的行为进行诱发和引导。目标首先作为诱因引发个体的动机，进而引导其行为，并最终实现目标，这就是目标激励的过程。可以说，人们对于达成目标的积极性、主动性乃至创造性的发挥，都与目标激励有着密切的关系。

目标的确定需要满足以下三个方面的要求。一是目标是可实现的，二是目标对人具有吸引力，三是目标具有激励性。只有这样的目标才能够有效地发挥激励作用。

从形式上来说，目标的形式也是多样的，既可以是外在的、物质的目标，如工作量目标、奖金目标等，也可以是精神目标，如荣誉目标等。

对于高校图书馆的目标激励来说，必须要充分结合不同部门和岗位馆员的实际工作情况，并与图书馆的整体发展相结合，制订出馆员个人发展与图书馆发展有机结合的目标。这样的目标设置既能够激励馆员工作的积极性，也能够在促进馆员发展的同时，实现图书馆整体的发展。

4. 参与激励

与企业或公司相比，高校图书馆还具有一定的特殊性。由于高校图书馆是隶属于高校的事业单位。一方面，高校图书馆更加注重社会效益，因此，在对馆员个人的经济利益的激励上有所不足。另一方面，由于高校图书馆单位的性质，也使得馆员对于生存和发展的危机感不足。

然而，在当前的社会环境下，社会竞争日益激烈，对于高校图书馆来说，要想保证自身的生存和发展，就必须在管理上采取民主的管理方式，充分调动馆员参与到高校图书馆的管理和决策中来，发挥馆员的经验和智慧，为高校图书馆的发展出谋划策。通过使馆员参与到高校图书馆的决策中，也能够激励馆员更加积极、主动地工作，并且工作中充分发挥自己的创造才能。同时，让馆员参与到高校图书馆的管理和决策中，也体现了高校图书馆对馆员的认同与尊重，能够使馆员在工作中感受到归属感，使馆员意识到自己是高校图书馆的主人翁，在高校图书馆中形成积极、融洽的工作氛围，强化馆员的团队精神。在馆员参与图书馆管理与决策的过程中，也能够实现馆员与管理者之间有效的沟通和交流，使馆员的一些建议、要求、问题等得到有效的交流和反馈，也能够使高校图书馆的发展目标与馆员个人发展目标更有效地结合在一起，激励馆员更好地工作。

5. 工作激励

工作激励即通过为员工分配适当的工作，从而使员工得到尊重和自我实现的满足，激发员工的工作热情。工作激励的理论基础是由美国行为科学家麦格雷戈所提出的Y理论。该理论认为，当工作情况适当时，人们不仅愿意承担工作，反而还会积极迎接工作的挑战。因此，对于高校图书馆的管理者来说，可以根据工作激励的理论，指导对馆员的工作分配。

对馆员分配适宜的工作，就是要根据馆员的工作能力，为其分配能力要求稍高的工作，使馆员的工作具有一定挑战性。这种工作的分配，也符合人事相宜的原则。若为馆员分配的工作能力要求超出馆员的实际能力过多，馆员不仅难以完成工作任务，给高校图书馆带来损失，同时馆员由于工作任务的失败，就会对自身产生否定的消极情绪，失去在工作中做出新尝试的信心，甚至会影响其日后正常工作的进行。这样的工作安排，不仅不能够起到激励的作用，反而会对员工起到不利的影响；而当高校图书馆为员工安排的工作能力要求过低时，员工很轻易就能够完成工作，这就使其潜力难以得到发挥，长期的低水平工作还会使员工产生大材小用的感觉，甚至逐渐失去对工作的兴趣，并产生不满的态度，不利于馆员的发展。

每个馆员在能力上都是不同的，并且每个馆员都有自己的优势和兴趣所在。对于馆员来说，其在工作中也都希望能够将自己的才能充分发挥出来。而从高校图书馆的角度来说，完成各项工作任务所需要的能力是不同的。因此，在工作的安排和分配上，更应将具体的工作与馆员的能力与特长相结合，为馆员分配最适合的工作。这样一来，就能够做到人尽其才，实现高校图书馆与馆员个人的双赢。

6. 薪酬激励

所谓的薪酬激励，即通过薪酬制度与薪酬结构的设计，激励员工为组织创造更多的效益。通过薪酬制度对员工进行激励，也是收入分配机制的一项重要功能。薪酬是劳动者依靠劳动所取得的所有劳动报酬的总和。薪酬激励只是相对于传统意义上利用工资、金钱等外在的物质利益来促使员工完成组织目标任务而言的，它主要是从尊重员工的“能力”和“愿望”等角度出发，努力创造出员工个人利益和组织利益的“一体化”氛围。

针对员工的薪酬激励，美国行为科学家弗雷德里克·赫茨伯格对其进行了一定的研究，并提出了双因素激励理论。根据他的观点，员工所获得的薪酬可以分为两类：一类是保健性的，如固定的岗位工资、各类保险等社会强制性福利；一类是激励性的，如奖金、进修机会等各类奖励。

从员工的角度来说，如果对于保健性薪酬的期望得不到满足，其对于工作就会产生不安全感。这会削弱员工的工作积极性，甚至导致员工的流失，更不要说吸引或留下高层次人才了。但是即便保障性薪资能够吸引并留下人才，但是员工也会将这部分薪酬视为应得的待遇，因此，这部分薪酬就很难起到激励作用。因此，要实现对员工的薪酬激励，主要还是要通过激励性薪酬实现。

根据马斯洛的需求理论，只有当低层次的需求得到满足后，人们才会去考虑更高层次的需求。员工的薪酬，是满足其基本生活需求的来源，因此，从层次上来说，属于较低层次的需求。对于一般的员工来说，其最主要的还是对基本生活需要的满足，因此薪酬也是其关注的重点。而对于高层次的人才来说，他们追求的是更高层次的需要的满足，也即自我价值的实现。因此，即便其薪酬达到了较高的水平，但是若在工作中缺少向上发展的机会，再高的薪酬也难以对其实现有效的激励。所以，对于高校图书馆来说，在制订薪酬激励的制度时，一方面需要考虑外部的社会竞争，即以外部相同行业和职位的薪资水平为基准，确定馆员的薪资水平。对于高层次的紧缺型人才，为了吸引其从事高校图书馆事业，则应为其提供高于市场的薪资水平。另一方面，高校图书馆在制订薪酬激励的制度时，还应该对内部的一致性进行充分的考虑。也就是要对馆员的工作性质与工作量进行分析，从而形成科学、合理的职位评价，在此基础上，结合岗位的技能需求及其他因素，对岗位价值做出评估，最终对岗位的薪酬等级进行划分。在确定薪酬时，既要结合市场水平，确定薪酬等级的工资率；又要则应对薪酬划定一定的范围，以便将工作量、责任等与薪酬等级挂钩。

为了提升自身的核心竞争力，高校图书馆在制订薪酬激励制度时，还必须重点关注对关键岗位人才与核心人才的薪酬激励，尤其是要促进高层人才在薪酬激励下，不断提高自身的知识与能力水平。

在薪酬激励的实践中，有时薪酬总额相同，但支付方式不同，对于员工所产生的激励效果是不同的。薪酬的发放既可以以工资、奖金、红包等形式支付现金，也可以向员工发放各种非现金的物质性福利，如各类奖品等。将现金支付与非现金支付的方式相结合，往往能够起到更好的激励效果。同时，还要注意薪酬激励的时间间隔。要使激励起到更好的效果，就应适当缩短激励的时间间隔，提高激励实现的及时性。此外，奖励的规模也会对激励的效果产生影响，相对来说，频繁的小规模激励能够比很长时间才有一次的大规模激励更加激励人。为了保证激励效果的实现，还应该减少一些常规的、定期的奖励，增加不定期的奖励。这种奖励对于馆员来说也是一种意外之喜，能够起到更好的激励效果。

（四）建立激励沟通机制

沟通是指两个或两个以上的人或群体之间传递、交流感情和信息，加强理解的过程，以求达成思想一致或情感的通畅。即我们通常所说的交流思想。

沟通是组织的生命线。管理的过程，实际也就是沟通的过程。没有沟通，就没有管理；没有沟通，管理只会是一种设想或是一种缺乏活力的机械行为。

沟通需要借助的媒体手段有口头、书面、电话、传真、电子邮件、网络聊天工具、录像、会议和记者招待会等。沟通的目的是把某种思想、观念传达给别人，希望能让别人了解这一思想或观念。沟通的前提必须是建立在真诚的基础之上，以确保传达的信息的真诚度和可信度。

在传统的人事管理中，沟通长期呈现的是单向性的特点，突出强调的是管理者的领导权威和指挥控制的作用，很少考虑到被管理者的感受和体验对组织管理会产生什么样的影响。绝大多数情况下，沟通是由上而下的，上级发号施令，下级只有无条件地去执行。在这种沟通交流的过程中，员工无须也不敢轻易向上级反映自己对工作的态度以及对工作回报的满意程度，只能唯唯诺诺、唯命是从，员工合理的需求得不到满足。并且在工作任务执行的过程中，上级通常会很官僚，不会主动地去了解员工的实际需求以及工作任务的完成状况。因此，消极怠工、管理松散的问题非常严重。

而在现代人力资源管理中，沟通机制强调的则是双向性的，而不是单向的，是交互式的交流。这种沟通为每一个员工提供了“说话”和“参与”的机会，极大地增强了员工的主人翁意识，提高了现代组织管理的效益。

高校图书馆管理者对馆员的相关要求要让馆员知晓、理解并执行，可以采取自上而下的沟通，通过指令的下达，对馆员的思想和行为进行引导和控制。同时，馆员对执行指令的感受和需求以及指令的执行情况等也可以通过一定的反馈渠道向管理者反映汇报。管理者对馆员汇报的情况适时做出反应，从而实现对高校图书馆有效的管理。

在人力资源的管理过程中，沟通的本身就具有一项显著的激励功能。高校图书馆建立起有效的沟通机制，会有助于馆员情感的交流，了解馆员的需求，从而起到辅助决策、达成共识、挖掘潜能、留住人才、完成目标、满足愿望、促进和谐的作用，使图书馆不断向前发展。

沟通激励，可以说是现代人力资源管理中一种重要的非薪酬激励的手段。譬如，在高校图书馆的日常管理工作中，管理者与馆员之间发生一些矛盾和冲突是在所难免的，馆员顶撞管理者的情况也会时有发生。遇到这些情况，管理者应当以豁达大度的态度坦然处之，积极主动地去与下属进行交流沟通，与馆员真心交谈、坦诚地交换意见，以期圆满解决矛盾，而不能耿耿于怀，更不能处心积虑地蓄意报复。即使馆员态度比较恶劣，素质较低，也要本着“大事讲原则，个人小事不计较”的精神去消除和化解。这样处理不仅不会有损管理者的形象，还会因此而提高管理者的威信，加深上下级之间的理解与沟通，促进高校图书馆事业和谐稳定地发展。

所以，高校图书馆要重视沟通的激励作用，在图书馆内部建立起全方位的沟通机制，形成管理层与部门领导、部门领导与普通馆员、管理层与普通馆员以及馆员与馆员之间的多层次的交流对话沟通机制。这样就会让馆员产生一种自己被信任和被尊重的感觉，从而可以增强管理者与馆员之间的相互尊重、理解和交流，激励着广大馆员以更大的热情投身到工作之中。

二、考核与评价机制

（一）高校图书馆员的绩效考核

绩效指员工在特定时间内通过努力所取得的可描述的或可测量的工作结果，其中包括工作行为和工作效率，以及此工作结果对实现组织未来战略目标的影响程度。

绩效考核，就是指考评制度以既定的考核标准如目标、业绩等，采用一定的考核办法，对员工的工作行为、态度、业绩等做出科学、合理的评价。对馆员进行绩效考评的目的，主要是判断其工作能否与岗位要求相符。同时，通过绩效考核，也能够考察和评价员工的潜力，以便对员工未来的发展进行引导。

随着国家事业单位人事制度改革的进一步深入，高校图书馆也开始逐步实行以绩效制度为核心的人力资源管理。建立一套科学的、行之有效的绩效考核机制，利用考核手段帮助馆员理解绩效标准，收集和掌握馆员绩效信息，了解、掌控高校图书馆绩效目标的进展情况，不仅可以提高馆员工作的积极性，使其努力取得更好的工作业绩，同时还可以促进高校图书馆事业的可持续发展。

高校图书馆绩效考核工作的好坏将直接影响到馆员工作的积极性、责任感、事业心以及创新精神，从而影响高校图书馆的整体工作。绩效考核机制的有效性对整合高校图书馆人力资源、调控馆员之间的关系极为重要。建立良好的考核机制，寻求切实可行的考核办法，有利于高校图书馆人力资源管理工作向着科学和良性的方向发展，有利于高校图书馆吸引人才和留住人才，有利于高校图书馆事业的发展。反之，如果绩效考核工作不能做到客观、公正，那么就会引发馆员情绪的消极和被动，工作上也会出现得过且过、应付差事等负面情况，就会严重阻碍高校图书馆工作的开展。

绩效考核，既是精神激励的一种形式，又是物质奖励的依据。高校图书馆通过绩效考核，可以检查各岗位的职责履行情况，检验馆内岗位设置与聘任是否合理，了解掌握什么人需要什么样的岗位学习培训；可以增加管理者与馆员之间交流沟通的机会，使管理者更加清晰地了解馆员的工作状况，从中发现各岗位存在的问题，从而避免管理中的主观性和片面性，改进工作方法，提高管理水平；可以正确评价馆员的工作实绩、德才表现、责任心、主动性及创造性，发现真正优秀的人才；可以为物质奖励、评先评优、人员招聘、岗位晋升和人事调整等提供真实可靠的依据；可以有效地让馆员关注图书馆的发展战略目标，把最合适的人放在最合适的岗位上，实现高校图书馆和馆员个人的共同进步、共同发展。

（二）绩效考核的标准

考核标准是高校图书馆馆员考评机制的主要内容，要是考评机制做到完善、合理，在考核标准的制订上，就需要满足以下几个方面的问题。

一是考核标准要具有可操作性。高校图书馆在制订绩效考核标准时，要在依据图书馆绩效目标的基础上，结合工作实际，确定绩效考核的内容和考核的办法，定性与定量相结合，内容要做到具体细致，方法要具有较强的可操作性。

二是工作数量和质量考核标准要科学合理。对实际工作数量和质量的考核，即在单位时间内完成工作项目量的多少、工作的轻重难易程度、工作的质量如何，都应当有据可查。不同的工作要以不同的标准进行量化，并且需要进行大量深入细致的调查、研究，标准要做到科学、合理。

三是考核标准要围绕岗位职责来制定。绩效考核是以高校图书馆的岗位为中心的考核，主要是考核被考评者是否能胜任某岗位的工作。高校图书馆内各岗位的工作目标、性质和任务等都各不相同，不同的岗位其岗位职责也有着不同的要求，其考核的标准也应有所差别。所以，考核标准必须要围绕各岗位职责的规定要求来制订，并且要结合高校图书馆发展的实际水平，恰如其分地确定标准的水平高低，既不能过高，也不能太低。

四是对考核标准的设定应区分出层次。考核标准中应明确规定，绩效达到何种程度是合格水平，何种程度是优秀水平以及什么状况是不合格，给馆员提供对其绩效期望的标准。

五是考核指标应当简明扼要。条目繁多和太复杂的评价指标，只会增加考核管理的难度并降低馆员的满意度，也达不到绩效管理的目的。因此，考核指标的设定应当简洁明了并把握重点。

六是考核标准的制订要公开。在考核标准制订过程中，要让大家充分了解，让馆员积极参与，要广泛听取馆员的意见，与被考核人进行主动交流沟通，这才是保证绩效考核工作公平、公正、民主和科学的重要手段。

（三）绩效考核的方式

定性考核即在对员工的工作进行考察后，以评语的方式做出的评价。定性考核主要依靠的是考核者主观的经验与判断，侧重对员工的行为考评。

定量考核即对员工设置不同的考核项目，并制订评分标准，通过对员工工作的考察，确定员工最终的分数，作为考核的结果。通过项目和分数的设置，定量考评实现了对员工工作的量化表现。

在绩效考核中，定性考核能够体现被考核者的长远发展与隐性贡献，但是定性考评是一种总括性的考评，是一种模糊性的印象判断，往往带有一定的片面性和主观性。如果仅用定性考核，则只能反映出员工的性质特点。定量考核能够克服人为因素的干扰，但是它会在一定程度上造成考核对象评价的绝对化和凝固化，并且定量考评往往还存在着一些指标难以量化的问题。考核时如果仅进行定量考核，就可能会导致忽视员工质量方面的特征，使得考评不全面。

因此，绩效考核过程中，为克服定性考核和定量考核的弊端，应注重定性考核与定量考核相结合，对员工工作的不同方面采用不同的考核方式，实现定性和定量两方面考核的有效互补，对员工的工作绩效做出全面、客观而有效的评判。

三、职业资格制度

（一）图书馆馆员职业资格制度概述

所谓的职业资格制度，即某一职业对劳动者提出的在知识、技术、能力等方面所应达到的最基本的要求。图书馆馆员的职业资格制度，即作为图书馆馆员所必须要满足的在知识、能力、水平等各方面的要求。具体来说，图书馆馆员从事这一岗位所应具备的基本能力包括信息资源的获取与利用能力、信息技术知识与能力、信息服务活动能力。职业资格所要求的能力是图书馆馆员招聘与录用的最主要的依据，同时也是图书馆馆员职业发展的必然条件。

尤其是在大数据环境下，现代信息资源的内容、数量、形式都在不断发展。因此，对于图书馆馆员来说，其价值更多地体现为对信息资源的搜集、分析、组织和利用，结合用户的需求，为其提供满意的知识服务。因此，也可以将图书馆馆员称为信息的导航者。

图书馆馆员资格制度在国外有着较为成熟的发展。例如，在欧美国家，要获得图书馆馆员的职业资格，其必须修够一定的图书馆专业或情报专业的学分。在美国，更要求其获得图书馆学或情报学专业的硕士学位。在职业资格制度下，图书馆馆员队伍的人才素质普遍较高，能够为社会各界用户提供专业化的知识和信息服务，为社会经济、科技、文化等方面的发展做出了积极的贡献。因而，图书馆员在欧美社会也得到了人们的广泛认可和尊重，享有较高的社会地位。

因此，结合国外的图书馆员资格制度，对于我国的图书馆馆员来说，应在职业方面向其提出以下几方面的要求。

①具备专业的教育背景，掌握扎实的图书馆学或情报学的知识与技能。

②具备一定的其他专业的学科知识储备。

③掌握一定的信息技术知识与操作能力以及现代化的信息检索能力。

④具备一定的从事图书馆业务的能力

⑤具备专业部门承认的图书馆馆员资格。

⑥掌握一门以上的外语。

⑦具备从事图书馆事业所需要的其他能力，如管理能力、沟通能力、研究能力等。

⑧具备较强的信息素养。

⑨具备良好的个人道德、文化修养与职业精神。

（二）职业资格制度的建立

对于图书馆职业资格制度的建立来说，目前，我国尚未从法律上建立起专门的图书馆馆员职业资格制度。这也导致我国图书馆馆员职业资格制度的建立与实施缺乏法律依据。考察国外的图书馆馆员职业资格制度可以发现，其都有相关法律为基础。随着我国图书馆事业的发展以及国家和社会的重视，我国关于图书馆领域的立法也取得了一定的发展，我国第一部图书馆专门法——《中华人民共和国公共图书馆法》于 2018 年起正式实施。未来，我国关于图书馆事业的法律必将越来越完善，图书馆馆员职业资格制度的相关法律也将逐渐完善，从而为我国图书馆馆员职业资格制度的建立与实施提供坚实的法律基础。

同时，在建立图书馆馆员职业资格制度的过程中，还应注意对职业资格制度进行灵活的运用。国外的图书馆馆员职业资格制度主要有三种职业资格认证的类型，即等级制、学历制、考试制。不同类型的职业资格认证，在要求上也各有不同。对于我国高校图书馆的职业资格制度建设来说，应根据自身的实际情况，制订符合实际情况的职业资格制度，做到扬长避短。例如，可以在职业资格制度上设定不同的级别，对于高层次馆员采用较高的标准，对于一般的馆员则适当降低标准，这样一来，也能够实现馆员队伍人力资源的优化。

建立图书馆馆员职业资格制度的目的，在于完善图书馆馆员的知识结构、提高馆员的服务能力。因此，在建立职业资格制度的过程中，高校图书馆需要与具备图书馆学或情报学的高等教育机构展开合作，如本校的图书馆学或情报学专业，为馆员提供系统的教育与培训。政府部门则应与全国性的权威图书馆专业组织合作，组织全国性的图书馆馆员资格考试，考试合格者即可获得图书馆馆员专业资格，并颁发相应的职业资格证书。

根据我国图书馆馆员队伍的现状来说，存在馆员年龄偏大、专业水平不高等问题。针对这种情况，一方面在向他们提出通过职业资格考试的要求的同时，需要积极为他们组织各种形式的培训，并适度放宽标准；另一方面，则要严格按照职业资格制度实施，做到公平、公正。

图书馆馆员职业资格制度的建立、图书馆馆员能力素质的提高都不是一蹴而就的。因此，在这一过程中，高校图书馆必须要结合实际情况，对制度进行灵活运用。经过长期的努力，我国图书馆馆员的职业资格制度必将逐步建立并日益完善，我国高校图书馆馆员的能力与水平也将逐步提高。

（三）图书馆馆员职业资格的培训与考核

1. 图书馆馆员职业资格的课程设置

在建立图书馆馆员职业资格制度的同时，还应建立起相应的培训制度，为现有馆员的培训提供一个较为完整的、与时俱进的课程体系。具体来说，应包括以下几部分的课程。

①图书馆学课程，包括图书馆学概论、数字图书馆学等课程。

②情报学课程，包括情报学基础、计算机情报、信息管理学等课程。

③综合课程，包括心理学、公共关系、计算机基础等课程。

针对不同等级的职业资格认证，在课程上也需要进行细致的划分。对于准入层次的职业资格培训课程来说，选择基础性内容进行培训即可。针对高层次的职业资格培训课程来说，则应以更为深入的专业课程为主，甚至还可以根据高层次人才的岗位方向选择符合需求的课程，如对于高校图书馆的高层次管理人才来说，可以选择图书馆人力资源管理、图书馆预算与财政等课程。

2. 图书馆馆员职业资格培训体系

针对我国高校图书馆馆员的现状来说，除了学校教育培训之外。对于那些已经从事图书馆馆员职业的从业者来说，根据其工作的实际情况，应为其提供多样化的培训方式。具体来说，可以分为以下三种形式。

①脱产培训。即馆员从现有岗位离职，接受系统的图书馆馆员职业资格培训。

②现场培训。即在馆员工作的现场，展开对馆员的教育培训。

③远程培训。即通过计算机网络，对图书馆员进行培训。特别是在大数据环境下，在远程培训的过程中，除了对馆员进行专业知识理论的培训外，还能够实现对馆员计算机操作技术的培训。

3. 图书馆馆员职业资格考核体系

图书馆馆员要获取职业资格认证，必须要通过相应的考试。考试的目的，就是为了对图书馆馆员的职业基本能力进行考察，通过考试即表明其具备从事图书馆馆员岗位的基本素质与能力。

因此，对于图书馆馆员职业资格考核体系来说，应建立其权威的组织结构，也就是要建立在图书馆行业协会领导下，由社会劳动保障部门认可的、由图书馆职业资格考核部门具体实施的图书馆职业资格考核体系。

此外，考试的内容也是考核体系中的重要组成部分，考试内容的确定对于图书馆馆员的能力要求与发展方向有着重要的影响。随着图书馆的现代化发展，在考核的内容上，应偏向信息素养与能力、创新能力、人际交往能力等。这既符合大数据时代为馆员提出的要求，也强化了图书馆的服务性质。

参考文献

[1] 赵静 . 高校图书馆的功能演进 [M]. 北京：清华大学出版社，2016.

[2] 于瑛 . 现代图书馆管理体系研究 [M]. 哈尔滨：东北林业大学出版社，2016.

[3] 赵国忠，张创军 . 高校图书馆社会化服务概论 [M]. 北京：国家图书馆出版社，2016.

[4] 高凡 . 高校图书馆发展规划编制指南 [M]. 北京：海洋出版社，2015.

[5] 杜晓林，杨剑平，邢燕丽 . 高校图书馆的创新与实践 [M]. 北京：科学技术文献出版社，2012.

[6] 余侠，王宁 . 网络环境下我国高校图书馆变革与发展若干问题研究 [M]. 合肥：安徽大学出版社，2013.

[7] 刘兹恒，徐建华，张久珍 . 现代图书馆管理 [M]. 北京：电子工业出版社，2010.

[8] 王宇 . 高校图书馆社会化服务研究 [M]. 北京：中国社会科学出版社，2014.

[9] 魏蔚，张亚君 . 图书馆学基础 [M]. 成都：电子科技大学出版社，2013.

[10] 蔡莉静 . 大学图书馆学科服务理论与实践 [M]. 北京：海洋出版社，2015.

[11] 李笑野，陈骁，王伯言 . 再造大学图书馆：上海财经大学图书馆的实践与思考 [M]. 上海：上海社会科学院出版社，2013.

[12] 郭晶 . 图书馆学科化服务研究与进展 [M]. 上海：上海交通大学出版社，2013.

[13] 廉立军 . 高校图书馆学科化服务机制研究 [M]. 北京：国家图书馆出版社，2015.

[14] 王文兵 . 高校图书馆学科服务研究 [M]. 武汉：湖北科学技术出版社，2012.

[15] 吴冬曼 . 基于用户需求的图书馆服务质量评价研究 [M]. 上海：上海交通大学出版社，2012.

[16] 孙秀斌，田会明，李洪伟 . 高校学生图书馆利用指导教程 [M]. 哈尔滨: 黑龙江大学出版社，2017.

[17] 曹学艳，张晓东 . 全媒体环境下的信息资源建设导论 [M]. 西安：电子科技大学出版社，2017.

[18] 覃凤兰 . 高校图书馆数字资源绩效评价 [M]. 武汉：武汉大学出版社，2015.

[19] 何海波 . 大数据时代高校图书馆信息服务创新研究 [J]. 现代情报，2014，34（12）：138-140.

[20] 扈志民 . 移动参考咨询服务模式研究 [J]. 图书馆学研究，2011（17）：95-99.

[21] 韩翠峰 . 大数据带给图书馆的影响与挑战 [J]. 图书情报，2012（05）：37-40.

[22] 蔡箐 . 学科馆员资格认证制度推行的缘由及路径分析——兼谈学科馆员制度与职业资格制度的结合 [J]. 图书情报工作，2014，58（10）：94-98.